LUST & LIEBESSPIEL

Sex in der
Partnerschaft

Orbis Verlag

LUST & LIEBESSPIEL

Sex in der Partnerschaft

Dr. David Delvin

Übersetzt von Wolfgang Ferdinand Müller

Titel der englischen Ausgabe:
The Good Sex Guide
Genehmigte Sonderausgabe 1998 Orbis Verlag für Publizistik GmbH, München

Übersetzung: Wolfgang Ferdinand Müller, Stuttgart
Lektorat: Siegfried Fischer, Stuttgart
Fotos: Ken Niven
Satz: Typomedia Satztechnik GmbH, Ostfildern
Druck und Bindung: Mateu Cromo, Pinto
Printed in Spain
ISBN 3-572-00861-1

INHALT

Vorwort
von Margi Clarke

Die Sexualität gehört zu den wichtigsten Dingen im Leben. Mir sagt sie jedenfalls mehr über dessen Geheimnisse als irgend etwas anderes. Sie ist das reinste Vergnügen – außerdem steuerfrei und für jeden da, für Reich und Arm, Jung und Alt, Hoch und Niedrig.

Sie ist das größte Geschenk, das wir bekommen haben, und ist uns wohl als ein Medium der Selbsterkenntnis und Reife anvertraut worden. Die sexuellen Beziehungen sind Teil eines Plans von ganz hoch oben. Auch der häßlichste Mensch kann jemandem begegnen, der ihn, sein wahres Ich liebt. Die Schönheit ist eh vergänglich. Eine dauerhafte Sexualbeziehung kann uns dagegen jenes wunderbare Selbstvertrauen geben, daß wir wichtig sind, für jemanden zählen – egal wie wir aussehen.

Die Leidenschaft des ersten Liebestaumels vergeht, guter Sex aber ist beständig und steigerungsfähig. Als ich noch ein Kind war, sah ich mir meine Eltern an und dachte: »Oh, Gott ... wie können die sich bloß anfassen, geschweige denn aufeinander rumturnen?!« Aber heute ist mir klar, warum längerfristige Beziehungen im Laufe der Zeit aufblühen: weil wir nicht bloß mit dem Körper eines Menschen schlafen, sondern mit dessen Seele. Sex mit einem festen Partner ist nicht nur sicherer, sondern auch schöner und lustvoller. Er ist das Tor zum langen Abenteuer sexueller Erfahrung.

Bei der Vorbereitung der englischen Fernsehserie *The Good Sex Guide* (Anleitung zu einer erfüllten Sexualität), aus der dieses Buch hervorging, entdeckte ich, wie unsinnig all das Gerede von den »britischen Sexmuffeln« ist – hinter den Vorhängen unserer wohlanständigen Wohnviertel blitzen Vibratoren, Liebeskugeln und künstliche Penisse! In den Schaubildern am Schluß der einzelnen Kapitel finden Sie einige überraschende Resultate unserer Umfrage zum Liebesleben der Briten ...

Ich würde mich freuen, wenn Ihr Sexualleben dank dieses Buches noch schöner würde. Und denkt daran: Wenn ihr Männer dafür sorgt, daß es euren Frauen im Bett gefällt, habt ihr selbst mehr davon – und umgekehrt.

Obwohl Sex für mich die größte aller Wonnen ist – ich könnte auch ohne leben. Aber dazu müßte man mich schon mit Gewalt in ein Nonnenkloster schleppen!

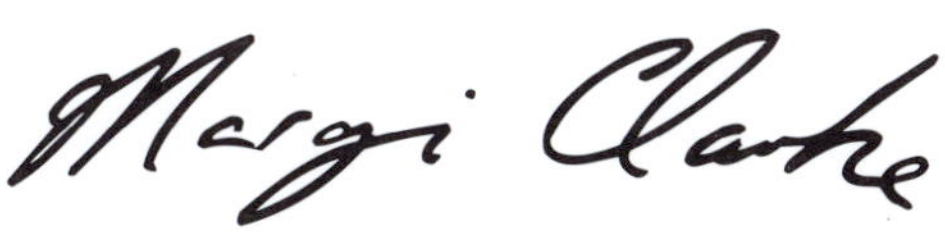

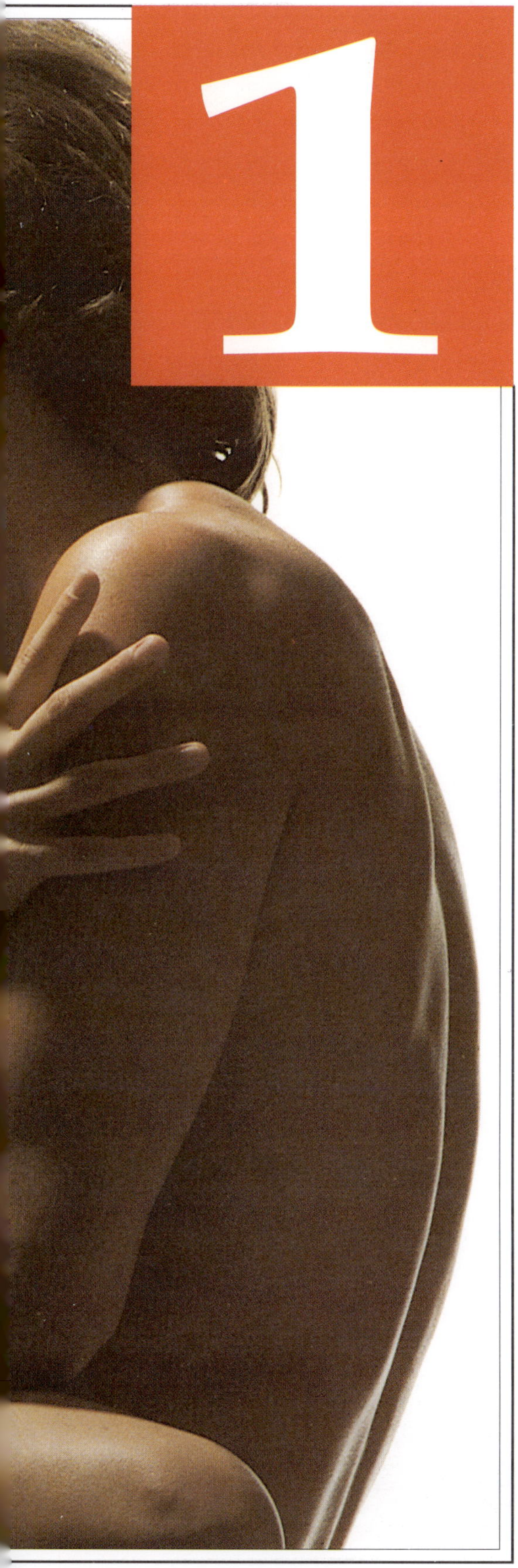

1

Sexuelle Reaktionen der Frau

Was für eine schöne Vorstellung: Eine Frau liegt völlig nackt auf einem Bett und wird zärtlich gestreichelt. Mit geschickten Liebkosungen erregt der Mann sie zu immer größerer Leidenschaft. Ihr Herz schlägt schneller und schneller, sie atmet wilder und wilder. Cremige Liebessäfte beginnen aus ihrer Vagina zu fließen, und ihre Brustwarzen richten sich hart und steil auf.

Ein Hauch von Rosa breitet sich allmählich über ihren Körper aus und erreicht nun ihre Brüste, deren Adern sich mit einmal deutlicher abzeichnen. Die Brüste selbst sind in den letzten Sekunden größer geworden – und die dunkler pigmentierten Warzenhöfe sind so geschwollen, daß sie vor Verlangen fast zu bersten scheinen. Das spornt ihren Liebhaber zu immer glühenderen Zärtlichkeiten an.

Nun, kurz vor dem Höhepunkt, wird der Atem der Frau noch schneller. Jeden Muskel angespannt, bereitet sich ihr Körper auf den Moment der Entspannung vor. Weit öffnet sich ihr Mund, und sie vermag den wundervollen, erregenden Schrei nicht zu unterdrücken, der aus ihrem tiefsten Inneren hervorbricht.

Darauf zielte alles ab, was vorher geschah. Auf diesen Augenblick des Orgasmus.

Theoretisch erreicht eine Frau so ihren Höhepunkt, und es ist wunderbar, wenn alles nach Plan geht. In der Praxis passiert oft genau das – aber nicht.

Jede Frau der Welt findet Sex manchmal unbefriedigend – auch wenn sie das vielleicht nicht zugibt –, und jeder Mann sollte sich dessen bewußt sein.

Was kann man also tun, damit Sex für eine Frau schöner und befriedigender wird? Wie wir später in diesem Buch sehen werden, sollte jedes Paar großen Wert auf Romantik, Sensibilität und Gefühl legen. Aber zuerst müssen wir noch auf einige andere Dinge eingehen.

SEXUELLE ANATOMIE der FRAU

Wenn man nicht weiß, wo das Steuerrad und die Pedale sind und wie man sie benutzt, kann man nicht Auto fahren. Genauso wird man schwerlich guten, befriedigenden Sex erleben, wenn man dessen Mechanismen nicht kennt. Die »Steuermechanismen« sind in diesem Fall die sexuell erregbaren Teile des menschlichen Körpers. Um guten Sex genießen zu können, müssen wir alle, ob Mann oder Frau, die Grundlinien unserer Anatomie kennen. Auch wenn sie für manchen Selbstverständlichkeiten sind, beschreiben wir nun die wichtigen »weiblichen Stellen«, mit denen jeder vertraut sein sollte, der ein guter Liebhaber werden möchte.

ihre Brüste

Diese Brüste fallen von Frau zu Frau sehr unterschiedlich aus, und es ist auch ganz normal, daß jemand verschieden große Brüste hat. Aber gleichgültig, welche Größe oder Form sie haben – sie bergen alle dasselbe erotische Potential. Wenn eine Brust richtige stimuliert wird, verschafft das der Frau fast immer gewaltige sexuelle Empfindungen.

Der weibliche Busen besteht im wesentlichen aus Binde- und Fettgewebe und ist von kleinen Schläuchen (»Milchgängen«) durchzogen, die in die Brustwarze münden. Wenn das Bindegewebe erschlafft, beginnen die Brüste zu hängen. Hier ein paar gute Tips, wie das zu verhindern ist:

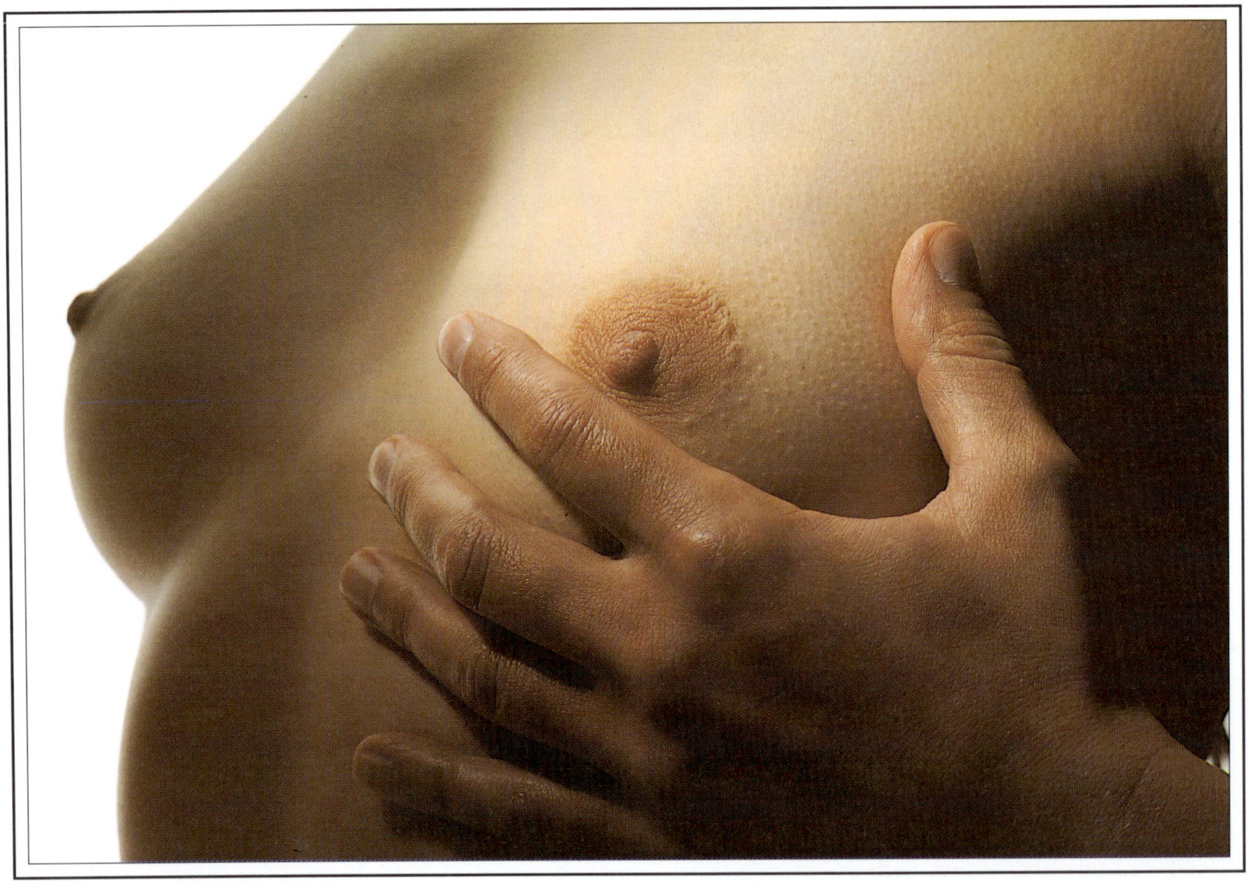

Manche Frauen bekommen schon allein durch die Stimulierung ihrer Brustwarzen einen Orgasmus.

Die äußerst empfindlichen Brustwarzen sind direkt mit den Lustzentren des Gehirns verbunden.

- Übergewicht vermeiden.
- Trainieren Sie Ihren Körper!
- Machen Sie insbesondere Übungen zur Stärkung der Muskeln, die Ihre Brust stützen (dazu gibt es in den meisten Fitness-Zentren spezielle Maschinen).

Die Moden kommen und gehen, aber der Busen kann nie groß genug sein. Wir haben meist eine völlig falsche Vorstellung von seiner normalen Größe – vor allem dank jener allseits bekannten Fotos von üppigen Pin-up-Girls mit gewaltigem Busen. Tatsächlich beträgt der Brustumfang einer normalen, gesunden Frau nicht mehr als 86 cm. Es ist Unsinn zu meinen, ein erfülltes Sexleben hänge von der Größe des Busens ab. Auch die kleinste Brust ist eine sexuelle Zeitbombe, die nur gut gestreichelt werden muß, um zu explodieren. Nur manchmal möchte eine Frau nicht, daß man ihre Brust berührt – etwa nach einem so traumatischen Erlebnis wie einer Fehlgeburt.

ihre Areola

Die Areola ist der pigmentierte Bereich rund um die Brustwarze. Erstaunlicherweise wird sie beim Liebesspiel oft vernachlässigt. Zu Unrecht, denn dieser Warzenhof ist eine sexuell hochgradig erregbare Zone des weiblichen Körpers, voller erotisch sensibler Nervenenden. Schon ein leichtes kreisförmiges Streicheln mit der feuchten Fingerspitze bringt hier reiche Früchte. Einige Frauen kommen durch diese Technik sogar zu einem Orgasmus.

ihre Brustwarzen

Die Brustwarze ist meist leicht erhaben – bei einigen Frauen jedoch in ein Hautgrübchen zurückgezogen. Wenn sich aber eine sonst nach außen ragende Brustwarze einzieht,

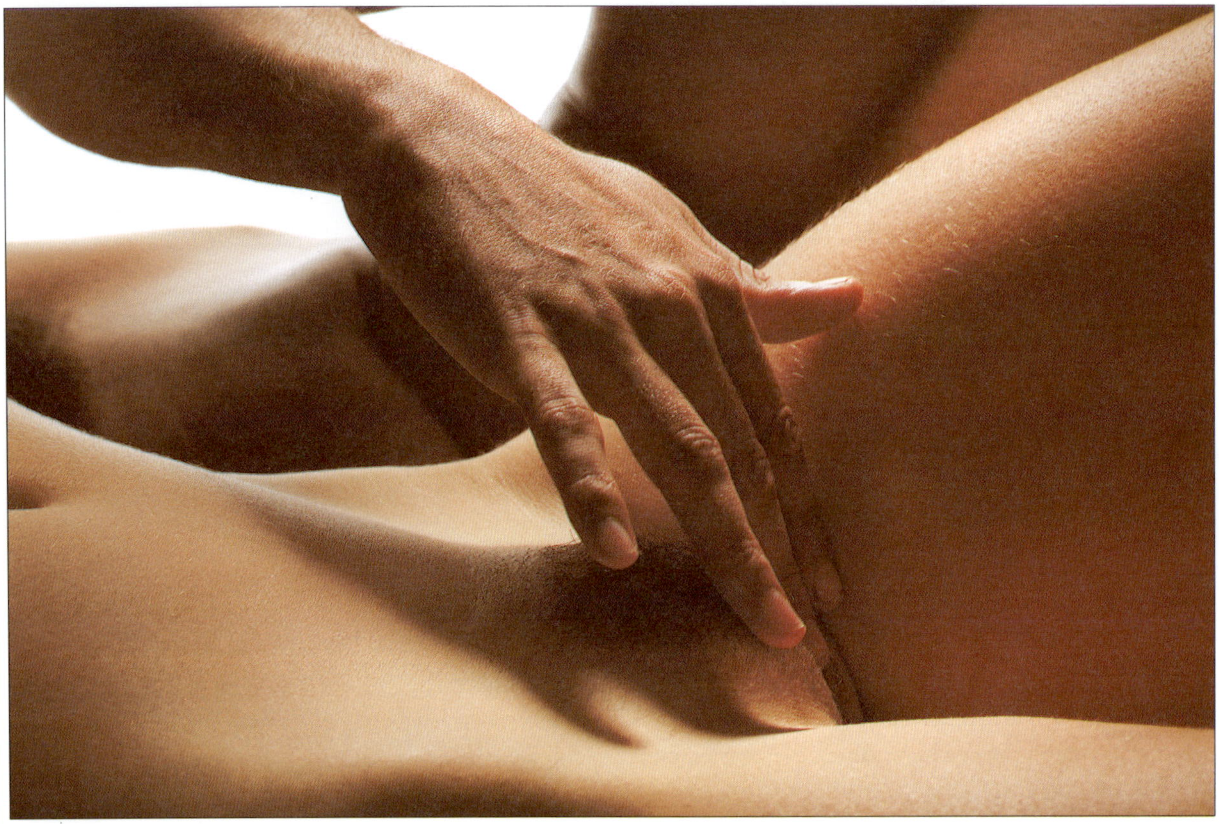

Der Mann sollte die Vulva seiner Partnerin so zu streicheln lernen, wie es ihr am besten gefällt.

sollte die betroffene Frau sofort mit ihrem Arzt sprechen, da es sich um ein Krebssymptom handeln könnte. Die Brustwarze besteht aus erektionsfähigem Gewebe. Das heißt, sie richtet sich bei sexueller Erregung auf und wird hart und steif, wie der Penis des Mannes. Genau wie die Areola, so birst auch die Brustwarze schier vor empfindlichen Nervenenden, die direkt mit den Gefühlszentren des weiblichen Hirns verbunden sind.

Die Stimulierung der weiblichen Brustwarze (ob nun mit der Hand, den Lippen, der Zunge oder einem Vibrator) ist daher ein äußerst wirksames Mittel zur sexuellen Erregung der Frau. Am aufregendsten finden es viele Paare, wenn der Mann die Brustwarze seiner Partnerin sanft in den Mund nimmt und zärtlich daran saugt. Wobei die Betonung auf »sanft« und »zärtlich« liegt. Wenn er nämlich zu grob vorgeht (oder die Brustwarze gar zu fest mit seinen Zähnen packt), kann die Wirkung alles andere als erotisch sein. Wahr ist aber auch, daß einige Frauen es sehr genießen, wenn der Mann leicht in ihre Brustwarzen beißt. Es lohnt sich also herauszufinden, was Ihre Liebhaberin bevorzugt.

ihre Vulva

Viele können sich unter dem Begriff »Vulva« nichts vorstellen. Er bezeichnet nichts anderes als die äußeren (oder sichtbaren) Sexualorgane der Frau. Das Wort »Vagina« – es wird später näher erläutert – meint deren inneren, von außen nicht ohne weiteres sichtbaren Teil.

Die Sexualforschung hat nun ergeben – und dessen sollte sich jeder Mann bewußt sein –, daß viele Frauen sich ihrer Vulva schämen und sie für häßlich halten. Daher sollte ein guter Liebhaber seiner Partnerin unbedingt sagen, daß er ihre Vulva schön, anziehend und aufregend findet.

ihr Schamhaar

Schamhaare gelten seit jeher als unerhört erotisch. So ist es noch nicht lange her, daß die Veröffentlichung von Photos, die Schamhaare zeigten, wegen angeblicher Obszönität strafbar war und die »anstößige« Scham mit der Spritzpistole epiliert oder einem Balken verdeckt wurde. Dieses Haar bedeckt einen großen Teil der Vulva und deren Umgebung und ist, je nach Rassenzugehörigkeit der Frau, unterschiedlich beschaffen, meist aber ziemlich hart und kraus.

Nach einer weit verbreiteten Vorstellung haben die Schamhaare in Form eines Dreiecks zu wachsen, aber in Wirklichkeit gibt es auch hier von Frau zu Frau große Unterschiede. Insbesondere, aber nicht nur, bei den Frauen des Mittelmeerraums und aus dem Mittleren Osten kann sich das Schamhaar recht weit zum Nabel und manchmal sogar über die Innenseiten der Schenkel erstrecken. Viele Frauen sind deswegen bekümmert und halten ihre Schamhaare für anormal, auch wenn das nicht stimmt.

Dennoch: Sollten Sie über die Form Ihrer Schambehaarung unglücklich sein, so können Sie diese heutzutage mit einer »Epilation« problemlos verändern. Man kann diese formgebende Enthaarung in einem Schönheitssalon machen lassen oder sie zu Hause mit einer Spezialcreme selbst vornehmen, muß aber aufpassen, daß die Creme nicht auf die empfindlichen Partien der Vulva gerät. Oder bitten Sie einfach Ihren Partner, Ihnen beim Abrasieren unerwünschter Schamhaare zu helfen. Viele Paare finden diese gemeinsame Prozedur sexuell erregend, besonders gelegentlich einer feuchtheißen Badezimmer-Session. Es gibt auch einige Leute, die es als sehr erotisch schätzen, wenn eine Frau all ihre Schamhaare abrasiert (wenn Sie das tun, müssen Sie aber darauf vorbereitet sein, daß es ganz schön jucken kann, wenn das Haar nachwächst).

Der gute Liebhaber sollte wissen, daß die Wurzeln dieser Haare recht empfindlich sind und er die sexuelle Spannung seiner Partnerin sehr wirksam steigern kann, wenn er sanft mit ihren Schamhaaren spielt oder daran zieht.

ihre Schamlippen

Die Scheidenöffnung ist durch die großen, äußeren und die kleinen, inneren Schamlippen geschützt (medizinisch die »Labia majora« bzw. »minora«). Das sind wundervoll erogene Zonen, deren Stimulierung mit der Zunge oder dem Finger eine Frau sexuell sehr stark erregen kann.

Viele Frauen halten ihre Schamlippen irrtümlich für »ausgefranst«, »zu lang« oder »unsymmetrisch« und machen sich darüber große Sorgen. Sie glauben oft, ihre Schamlippen durch Selbstbefriedigung deformiert zu haben, obwohl das ganz und gar unmöglich ist. Tatsächlich sind diese vier Lippen (und vor allem die äußeren beiden) von Natur aus so lang und mit recht unebenen Rändern versehen. Denn nur so können sie ihre Schutzfunktion erfüllen, und es gibt keinerlei Grund, weshalb sie symmetrisch sein sollten.

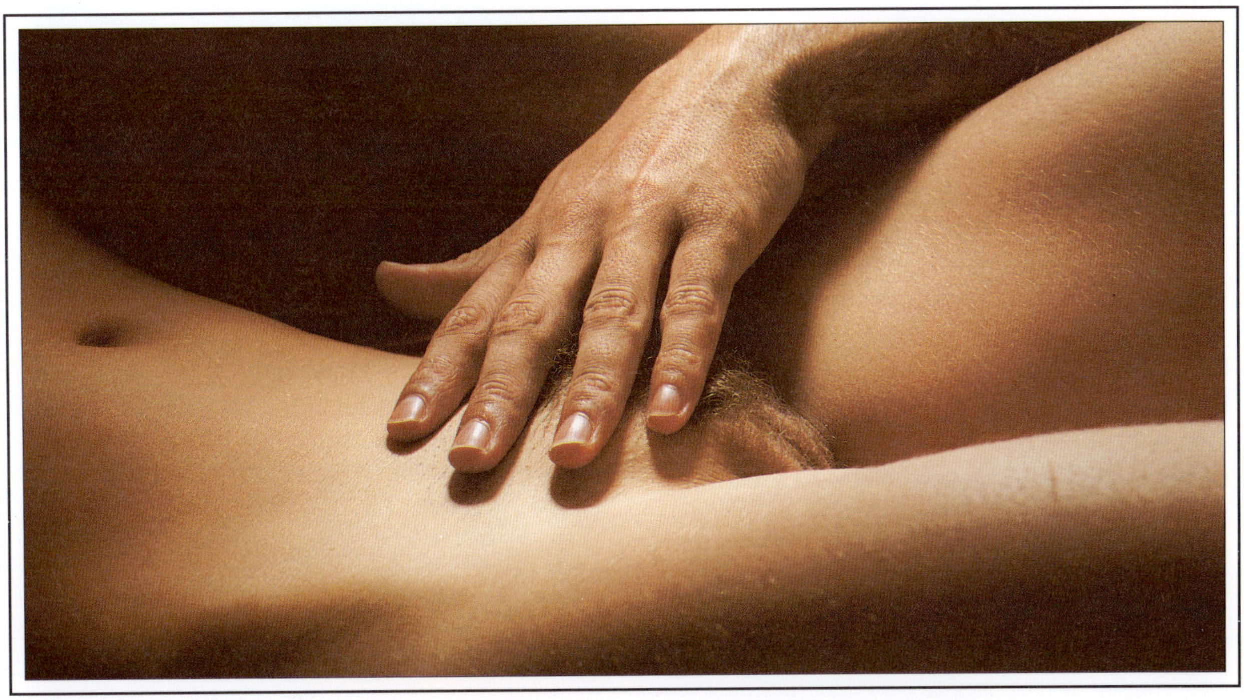

Zieht man die Haut sanft übers Schambein, erhöht sich die angenehme Spannung in den Schamlippen.

ihre Klitoris

Die Klitoris befindet sich genau am oberen Ende der beiden inneren Schamlippen. Sie fühlt sich in etwa wie eine Erbse an. Dieser »Kitzler« ist das Gegenstück zum männlichen Penis und besteht aus derselben Art Gewebe. Deshalb wird er auch steif und richtet sich auf, wenn er stimuliert wird.

Rein optisch macht aber eine Klitoris-Erektion nicht ebensoviel her. Manche Paare sind enttäuscht, weil der Kitzler sich nicht so dramatisch wie eine Art Mini-Penis aufrichten kann, aber selbst bei einer voll erigierten Klitoris ist deren sichtbarer Teil nicht dicker als eine mittelgroße Erbse. Solange eine Frau sexuell nicht erregt ist, verbirgt sich ihr Kitzler normalerweise unter einer kleinen Hautfalte, der »Vorhaut«. Wenn sie aber wirklich in Fahrt kommt, dringt die Eichel ihrer Klitoris ganz von selbst aus der Vorhaut hervor und wird so besser sichtbar.

Wie Sie den Kitzler Ihrer Partnerin stimulieren sollten, wird auf den Seiten 20–22 beschrieben.

ihr Schambein

Auch wenn das Schambein (genau genommen) nicht zur Vulva gehört, sollten Sie eine Ahnung davon haben, wenn Sie ein guter Liebhaber sein wollen.

Zum einen, weil Sie sich daran gut orientieren können, wenn Sie den berühmten, von Ernst Grafenberg entdeckten G-Punkt suchen (mehr auf S. 25). Zum anderen, weil ein geschickter Liebhaber beim Koitus versuchen kann, den Kitzler seiner Partnerin mit seinem Schambein gegen das ihre zu drücken – um sie so noch viel mehr zu stimulieren. Und weil es auch bei den anderen Arten des Liebesspiels für sie angenehm sein kann, wenn man ihre Klitoris und die oberen Partien ihrer Schamlippen gegen ihr Schambein zu drücken und daran zu massieren weiß.

Es spricht also alles dafür, sich mit dem Schambein vertraut zu machen. Sie finden es mühelos, wenn Sie mit der Fingerspitze von der Mitte des oberen Schamhaarrandes gerade nach unten gehen, bis Sie auf den harten Knochen stoßen, der unmittelbar unter der Haut liegt.

Mit der Fingerspitze erfühlen Sie ihr Schambein; das hilft Ihnen später, ihren G-Punkt zu finden.

ihre Harnröhrenöffnung

Das ist ein winziges Loch, ein wenig unterhalb des Kitzlers und wie dieser auf der Mittellinie der Vulva gelegen. Manche Leute halten es für schmutzig, weil daraus ja der Urin ausgeschieden wird. In Wirklichkeit ist dieses Loch aber ganz und gar nicht schmutzig, denn der Urin ist normalerweise völlig keimfrei. Sie können diese Öffnung also ohne jedes Risiko berühren und werden sich dabei nicht schaden. Wichtig ist nur, daß Sie diesen (oder jeden anderen) Teil der Vulva oder Vagina nur mit wirklich sauberen Fingern berühren. Denn andernfalls würden Sie dort leicht eine Infektion hervorrufen!

Manche Frauen mögen es, wenn man ihre Harnröhrenöffnung stimuliert. Aber man hüte sich davor, irgendeinen Gegenstand einzuführen, wie es manchmal aus Experimentierlust geschieht. Das ist nämlich alles andere als eine gute Idee, riskiert man doch, die Harnröhre zu infizieren oder deren empfindliche Innenhaut zu verletzen.

ihre Vagina

»Vagina« bedeutet soviel wie »Scheide« – und genau das meint dieses Wort auch: eine Scheide von genau der richtigen Größe und Form, um den Penis eines Mannes aufzunehmen.

Die Scheide einer sexuell nicht erregten Frau ist etwa 7,5 cm lang und damit offensichtlich um einiges kürzer als jeder normale erigierte Penis. Wenn diese Frau aber scharf wird, dehnt sich ihre Vagina auf fast unglaubliche Weise aus und erreicht dabei eine Länge von bis zu 17 cm oder, in einigen Fällen, mehr.

Aber es gibt noch zwei andere Dinge, die man über die Scheide wissen muß. Zum ersten, daß ihre Wände zwar recht solide und elastisch sind, aber trotzdem nicht jeden Stoß aushalten, von brutalen Stößen ganz zu schweigen. Jeder Liebhaber sollte deshalb sanft mit der Vagina seiner Partnerin umgehen. Wenn diese bei seinen Streicheleien oder Penisbewegungen über unangenehme Gefühle oder gar Schmerzen klagt, sollte er sofort damit aufhören.

Zum zweiten: Es ist heute allgemein bekannt, daß die Scheidenwand einer sexuell erregten Frau »Liebessäfte« absondert, die ihre ganze Vagina feucht und den Koitus leicht, reibungsarm und angenehm werden lassen. Wenn Sie also spüren, daß Sie nur schwer in Ihre Partnerin eindringen können, weil deren Scheide noch trocken ist, dann könnte das ein Hinweis darauf sein, daß Sie dem Vorspiel noch etwas mehr Zeit widmen sollten, bis nämlich diese Scheidensäfte wirklich zu fließen beginnen. Manche Frauen haben eine trockene Vagina, weil sie sich in den Wechseljahren befinden, in welchem Fall die Verwendung eines künstlichen Gleitmittels, wie die überall im Handel erhältlichen Cremes und Gels, die Penetration erleichtert.

typisch weibliche sexuelle Reaktionen

Was passiert eigentlich, wenn eine Frau mit einem Mann so richtig Sex hat? Nun, in den meisten Fällen wird das Szenario etwa so aussehen:

- Zu Beginn ihrer Annäherung, wenn sie aneinander Gefallen finden und ihre romantische, amüsante oder erotische Unterhaltung genießen, beginnt sich der Puls der Frau zu beschleunigen, pumpt ihr Herz immer mehr Blut in ihre Sexualorgane.
- Sobald das Vorspiel mehr körperliche Formen annimmt und ihr Interesse an möglichem Sex wächst, beginnen sich ihre Schamlippen zu öffnen und immer mehr bereit zu werden, seinen Penis aufzunehmen.
- Wenn sie noch stärker erregt ist, fangen ihre Vagina und Vulva an feucht zu werden – nicht nur von den Sekretionen der Scheidenwand, sondern auch von den Gleitflüssigkeiten, die die Drüsen rund um ihre Scheidenöffnung absondern.
- Gleichzeitig werden ihre Brustwarzen größer und länger. Ihre Länge nimmt durchschnittlich um bis zu einen Zentimeter zu und ihr Durchmesser desgleichen.
- Es ändert sich auch die Farbe der Innenseite der Vulva und der Scheide – normalerweise von Rosa zu Rot oder tiefem Weinrot.

All das sind Anzeichen dafür, daß sie bereit ist zu weiterem sexuellem Spiel und ihr Körper sich auf den (langen oder kurzen) Weg zum Orgasmus begibt. In den folgenden Minuten werden all diese körperlichen Veränderungen noch deutlicher. Pulsschlag, Blutdruck und Atemfrequenz erhö-

Wenn die Frau durch intensive Stimulierung das erste Orgasmusstadium erreicht hat, scheint sie oft innezuhalten und innerlich »Bilanz zu ziehen«, bevor sie endgültig ihrem Höhepunkt zustrebt.

hen sich, ihre Augen werden glasig und träumerisch, und sie verliert allmählich jedes Interesse an den langweiligen Realitäten des Alltagslebens und beginnt sich auf ihr Verlangen nach einem wirklich genußvollen Höhepunkt zu konzentrieren.

ORGASMUS – und SHOW

Was passiert nun, wenn eine Frau ihren Höhepunkt hat? Beginnen wir mit ihrem subjektiven Erleben. Die großen amerikanischen Sex-Gurus Dr. William Masters und Virginia Johnson, die Autoren der Bestseller *Die sexuelle Reaktion* (1966) und *Liebe und Sexualität* (1986), behaupten, vom psychologischen Standpunkt aus könne man beim weiblichen Orgasmus drei Stadien unterscheiden.

1 Nach einer ersten Phase sexueller Stimulierung habe eine Frau häufig ein seltsames Gefühl des »Stehenbleibens« und der Loslösung. So als ob ihr Geist innehielte, um ein, zwei Sekunden lang Bilanz zu ziehen, bevor er weiter auf den Höhepunkt zustrebe.

Dieses nur einen Augenblick anhaltende Gefühl werde oft von einem einzelnen Schub intensiver Empfindungen begleitet oder abgelöst, die klitorisgerichtet seien, jedoch in das Becken ausstrahlten. Wann es schließlich zum Höhepunkt komme, hänge von der Art der Stimulierung ab.

Manche Frauen haben in diesem Moment das Gefühl, irgend etwas aus ihrem Inneren ausscheiden zu wollen oder Ausfluß zu haben, und die neuere Forschung zeigt, daß viele Frauen nun tatsächlich eine kleine Menge einer speziellen »Sexflüssigkeit« aussondern.

2 Im zweiten Stadium des Orgasmus hat die Frau, nach den Worten von Masters und Johnson, ein Gefühl der »Wärmeausbreitung«, das zuerst nur das Becken erfaßt, um sich dann allmählich über den ganzen Körper auszudehnen: in den Bauch und den Brustkorb, in die Arme und Beine.

3 Im dritten und letzten Stadium des Orgasmus fühlen die meisten Frauen ein wundervolles »Pulsieren im Becken«. Was sie da spüren, sind ganze Serien unwillkürlicher Kontraktionen in einem bestimmten Bereich der Scheide und des kleinen Beckens. Viele bezeichnen diese wohlige Empfindung als das schönste Gefühl, das ein Mensch erleben könne.

Aber währenddessen haben sich mit dem Körper der Frau auch viele andere Veränderungen vollzogen. Einige davon wurden schon zu Beginn dieses Kapitels erwähnt. Zu den anderen, anhand derer ein Liebhaber mit einiger Sicherheit sagen kann, ob sie einen Orgasmus gehabt hat oder nicht, gehören die folgenden:

- Ihr Gesicht verzieht sich oft zu einer Art Grimasse, fast so, als ob sie Schmerzen empfinde.
- Ihre Arm- und Beinmuskeln spannen sich heftig an.
- Ihre Zehen verkrampfen sich – ein sehr deutliches Symptom für einen Orgasmus.
- Die Muskeln rund um ihren Anus zucken krampfartig.
- Wenn ihr Orgasmus verebbt, können ihre Brustwarzen sogar noch mehr hervortreten als zuvor. Das rührt daher, daß die weibliche Brust gleich nach dem Höhepunkt ein wenig zu schrumpfen beginnt. Diese geringfügige Schrumpfung kann den Anschein erwecken, als ob die Warzen stärker von der Brust abstünden.

vorgetäuschter Orgasmus

An all diesen Anzeichen, und anderen mehr, kann der Liebhaber ablesen, ob seine Partnerin »gekommen« ist oder nicht. Dennoch ist es für eine Frau ein leichtes, ihm einen Orgasmus vorzuspielen. Wenn Sie den Film *Harry und Sally* gesehen haben, dann kennen Sie ja ein gutes Beispiel dafür. Das war der Streifen, in dem Meg Ryan sich einen Spaß daraus machte, mitten in einem überfüllten Restaurant einen Orgasmus zu simulieren (worauf eine Frau an einem Tisch in ihrer Nähe zum Kellner sagte: »Ich hätte gern

Im zweiten Stadium des Orgasmus durchflutet oft eine wunderbare Wärmewelle das Becken der Frau.

dasselbe wie diese Dame da«). Für die meisten Frauen, die den Orgasmus aus eigener Erfahrung – oder wenigstens vom Zuschauen – kennen, wäre es kein Problem, so eine Show abzuziehen und damit die meisten Männer zu täuschen und glauben zu machen, sie seien tatsächlich »gekommen«. Aber die entscheidende Frage ist, ob sie das tun sollten.

Die sexualtherapeutisch tätigen Ärzte sind in ihrer Mehrzahl entschieden gegen solche Orgasmus-Shows. Weil sie nämlich viele Beziehungen kennen, bei denen die Frau es sich angewöhnt hat, ihrem Partner einen Höhepunkt vorzugaukeln, und so dazu beigetragen hat, daß ihr gemeinsames Sexualleben zu einer einzigen Farce geworden ist, wo er ejakuliert und einschläft – und sie meist unbefriedigt zurückbleibt.

Es gibt aber emanzipierte Frauen, die den vorgetäuschten Orgasmus in Situationen wie diesen für gerechtfertigt halten:

- Wenn die Frau am Anfang einer neuen Beziehung spürt – vielleicht weil sie mit diesem Mann oder seiner Liebestechnik nicht vertraut ist –, daß sie nicht zum Höhepunkt kommt, selbst wenn sie noch stundenlang so weitermachen würden.
- Wenn sie sehr müde ist (einfach zu müde für einen Orgasmus), aber das Gefühl hat, daß er darüber glücklich wäre.
- Wenn ihr Mann es unbedingt braucht, daß seine Frau »kommt« – weil er sich sonst als Versager fühlen würde.

Ob Sie nun einen Orgasmus vortäuschen sollen oder nicht, ist ein schwieriges moralisches Problem. Letzten Endes ist das eine persönliche Entscheidung, die sich an den Umständen und Ihren Gefühlen orientieren muß. Wenn Sie sich aber irgendwann einmal dazu entschließen, sollten Sie daraus keine Gewohnheit werden lassen. Sonst könnte Ihre gesamte Beziehung aus Mangel an sexueller Erfüllung Schaden nehmen. Wenn Sie Schwierigkeiten haben, beim Geschlechtsverkehr (um das bürokratische Wort einmal zu gebrauchen) zu einem Höhepunkt zu kommen, aber sich danach fast verpflichtet fühlen, so zu tun als ob – dann versuchen Sie es lieber einmal mit Masturbation (entweder indem Sie sich selbst befriedigen oder sich durch Ihren Partner stimulieren lassen). Sie sollten in diesem Fall beide die Situation akzeptieren, wie sie ist, und Ihr Liebesspiel danach ausrichten.

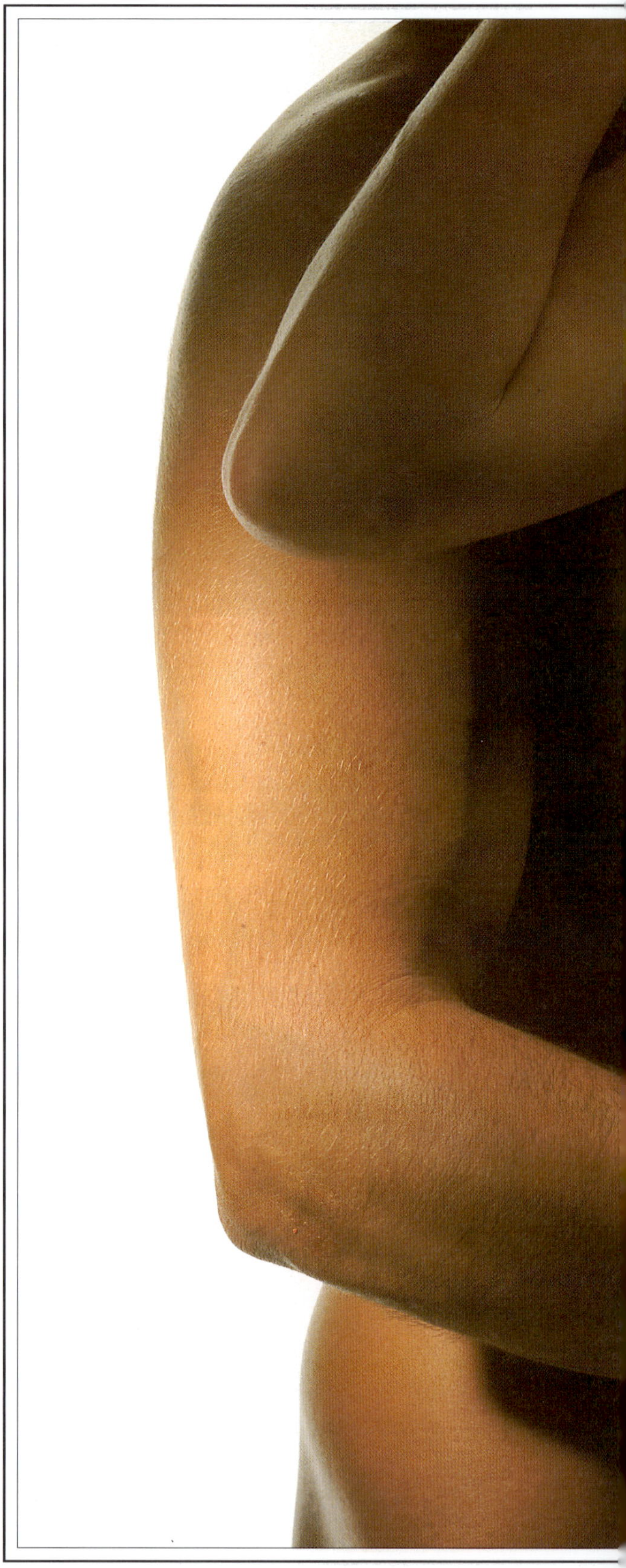

Im dritten Stadium des Orgasmus spüren die meisten Frauen ein lustvolles Pulsieren im Unterleib.

die Steigerung weiblicher Lust

Was kann ein Mann für eine lustvollere Sexualität seiner Frau tun? Sicher nicht nur eine neue Technik probieren oder die neueste Sexualhilfe kaufen! Natürlich gibt es immer Bedarf an guter Technik und in vielen Schlafzimmern auch Raum für gute Sexualhilfen. Aber in jeder Beziehung, die diesen Namen verdient, erwartet man von einem Mann doch einiges mehr. Etwa:

- *Einfühlsamkeit* – also die Fähigkeit, die Bedürfnisse, Empfindungen, Stimmungen und Wünsche einer Frau zu spüren und zu verstehen. Wenn Sie sich nicht auf ihre Gefühle einstellen können, werden Sie nie ein sehr erfolgreicher Liebhaber sein, und wenn Sie sich sonst noch so sehr anstrengen.
- *Romantik* – so altmodisch das dem einen oder anderen auch erscheinen mag: fast alle Frauen lieben sie. Jede Umfrage zeigt, daß sie sich vor allem Romantik von den Männern wünschen. Die Einladung zu einem Abendessen bei Kerzenlicht, ein schöner Blumenstrauß, ihr Lieblingslied an der Jukebox gedrückt . . . das sind nur ein paar Beispiele für jene romantischen Gesten, denen nur wenige Frauen widerstehen können.
- *Bewunderung* – das heißt, ihren Körper (vor allem ihre Brüste und Geschlechtsteile), ihr Gesicht und auch ihr Liebesspiel schön zu finden und es ihr zu sagen. Denken Sie daran, daß viele Menschen – Männer wie Frauen – ihren Körper und ihre sexuellen Fähigkeiten für irgendwie unzulänglich halten. Ein Wort der Bestätigung und der Ermutigung durch den Liebhaber kann das mit einem Schlage richten – und eine Frau in nie zuvor erreichte Höhen sexueller Lust katapultieren.

Außerdem sollte sich jeder Mann, der seine Frau glücklich machen will, mit einigen Techniken zu ihrer sexuellen Befriedigung vertraut machen. Insbesondere mit dem Cunnilingus (mehr darüber S. 119) sowie natürlich mit allen übrigen Varianten des Liebesspiels, die ihr Lust bereiten. Aber vor allem anderem sollte er lernen, sie am Kitzler zu erregen.

die Klitoris und warum sie zu stimulieren ist

Als Mann müssen Sie sich stets bewußt sein, daß die weibliche Klitoris für die Sexualität der Frau genauso wichtig ist wie Ihr Glied für die Ihre. Deshalb sollten Sie – bei fast jeder sexuellen Begegnung mit dem anderen Geschlecht – nie vergessen, diesem netten kleinen Knopf die ihm gebührende Aufmerksamkeit zu schenken. Streicheln und massieren Sie ihn, lecken und saugen Sie daran – kurz, tun Sie, was immer Ihre Partnerin am schönsten findet.

Sollten Sie irgendwelche Zweifel am Sinn dieses Tuns haben, dann vergessen Sie bitte nicht, daß die allermeisten Frauen ohne ein gutes Quantum klitoraler Stimulation ganz einfach keinen Orgasmus haben können! Zugegebenermaßen wird der Kitzler auch bei vielen sexuellen Stellungen ganz nebenbei etwas stimuliert. Aber damit es für die Frau so richtig schön wird, sollten Sie sich ihrer Klitoris beim Liebesspiel schon sehr intensiv widmen, mit den Fingern, den Lippen – oder vielleicht einem Vibrator.

WISSEN MÄNNER, WO SIE IST?

Die meisten Umfragen besagen, daß viele Männer, und das gilt besonders für unerfahrene Männer, ein wenig vage sind, wenn sie die Plazierung der Klitoris nennen sollen. Das überrascht nicht, wenn man bedenkt, daß heutzutage selbst viele Frauen (vor allem jüngere Frauen) nicht wissen, wo sich ihr Kitzler befindet, so unglaublich das auch klingen mag! Das läßt sich aber leicht ändern, wenn sie ihren Doktor bei der nächsten Abstrich-Untersuchung um entsprechende Auskunft bitten. Für die freundlichen Ärztinnen in den Kliniken und Beratungsstellen ist der Griff nach dem Spiegel, mit dem sie einer Patientin zeigen, wo denn nun der kleine Liebesknopf sitzt, schon längst zur Routine geworden.

Aber wir sind schon auf dem Wege der Besserung. Es ist nur eine Generation her, daß wohl die meisten Männer von der weiblichen Klitoris weder etwas wußten noch sich Gedanken darüber machten und deshalb ihre Partnerinnen oft sehr frustrierten.

Einfühlsamkeit, Romantik und Bewunderung steigern die sexuelle Reaktion der Frau.

Aber was immer ein Mann tut, sanft sollte er vorgehen, wenn er den Kitzler zu stimulieren versucht. Beginnen Sie damit, die Umgebung der Klitoris zu streicheln, gehen Sie dann allmählich ins Zentrum, um es mit Ihrer Fingerspitze oder Zunge zu erforschen. Wenn die ganze Zone noch etwas trocken ist, lecken Sie vorher Ihren Finger, um ihn anzufeuchten. Sobald Sie den Kitzler spüren, bleiben Sie mit festem Druck darauf, geben aber acht, nicht grob zu drücken oder die Klitoris gar mit dem Nagel zu verletzen.

Wenn Sie jedoch spüren, daß sich der rechte Erfolg nicht einstellen will, dann bitten Sie am besten Ihre Partnerin, Ihnen zu zeigen, was Sie tun sollen und wie. Sie könnte Sie an der Hand nehmen und Ihren Finger zu der richtigen Stelle führen oder aber sich selbst am Kitzler stimulieren, während Sie zusehen. Der Punkt ist, daß Ihre Frau Ihnen sagt und zeigt, was ihr bekommt, und mit einiger Übung werden Sie auch bald herausfinden, was sie wirklich mag.

andere erogene Zonen

inklusive des G-Punkts

Außer der Klitoris hat eine Frau noch viele weitere erogene Zonen, an denen sie gerne gestreichelt wird. Lassen Sie diesen Körperregionen besondere Aufmerksamkeit zuteil werden – dann wird Ihre Geliebte wirklich Spaß an der Sexualität haben. Hier nun die wichtigsten dieser erogenen Zonen, vom Kopf angefangen bis zu den Füßen. Denken Sie aber unbedingt daran: Was für die eine Frau besonders aufregend ist, gefällt der anderen vielleicht überhaupt nicht – oder irritiert sie sogar. Aber durch wachsende Erfahrung – und offenes Gespräch – werden Sie schon herausfinden, wo Ihre Partnerin wirklich berührt werden möchte und wie.

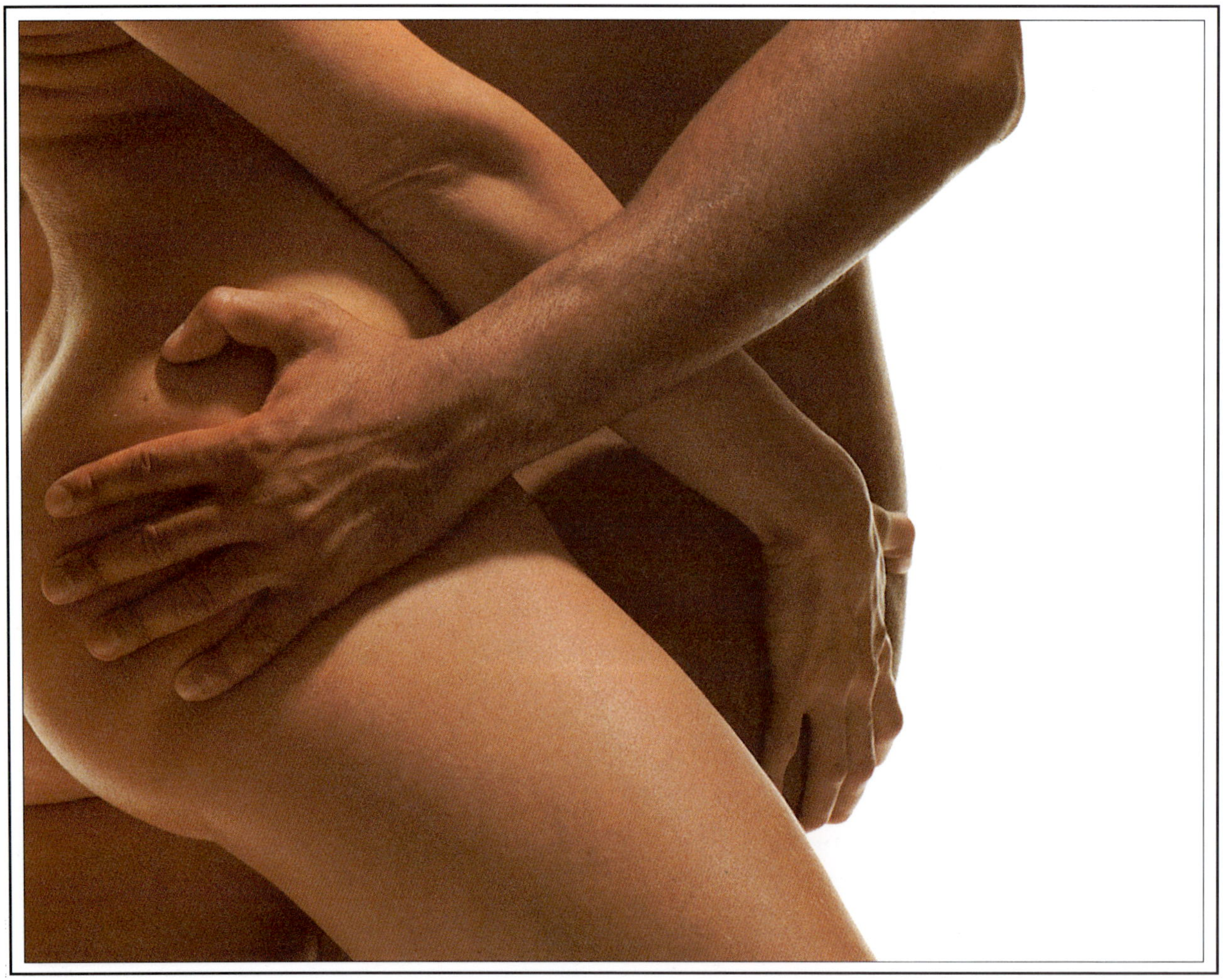

Eine Frau hat viele erogene Zonen, die zu streicheln sich lohnt – dazu gehört auch ihr Po.

Küssen Sie auch ihren Nabel und ihre Rippen, das sind besonders erogene Zonen.

hinter ihren Ohren

Die meisten Frauen lieben es, wenn man sie hinter den Ohren streichelt, kitzelt und liebkost. Manche finden es erregend, dort sanft geküßt zu werden, und andere mögen es, wenn man ihre Ohren leckt oder an ihren Ohrläppchen saugt. Vielleicht sind die Ohren auch so empfindlich, weil sie so etwas wie geheime Orte sind, die nur selten ein anderer Mensch berührt. Überhaupt sind alle heimlicheren Winkel des weiblichen Körpers schon allein ob ihrer Intimität tendenziell erogene Zonen.

ihr Nacken

Der weibliche Nacken ist ein erotisch höchst sensibler Ort. Das werden Sie merken, wenn Sie einmal Ihrer Partnerin das Rückgrat hinauf bis zum Haaransatz küssen!

ihre Achselhöhlen

Auch hier begeben Sie sich an geheime Orte! Versuchen Sie also, diese intimen Höhlen zu küssen und zu lecken, ihren Geruch einzusaugen. Sie werden vermutlich feststellen, daß die zarten weiblichen Düfte, die in dieser Körperregion produziert werden, auf Sie selbst ganz schön aufregend wirken.

ihre Handgelenke

Vergessen Sie darüber nicht, die Innenseite ihrer Handgelenke zu küssen oder sanft zu streicheln – auch Stellen, die andere nur selten berühren. Dem bekannten Psychologen Dr. Robert Sharpe zufolge gibt es eine unfehlbare Methode, die Gedanken einer Frau auf Sex zu lenken: Man biete ihr an, sie beim Geschirrspülen abzulösen. »Und dann«, sagt er, »nehmen Sie ihre Hände sanft aus dem Wasser – und küssen ihr liebevoll die Innenseiten ihrer nassen Handgelenke.«

ihre Rippen

Die Rippen können recht erotische Gebilde sein – besonders wenn sie etwas hervorstehen, weil die Frau sehr schlank ist. Versuchen Sie einmal, mit dem Mund darüber zu streichen, sie zu küssen oder mit der Finger- oder Zungenspitze die Rippenwölbung nachzuzeichnen – und Sie werden bald spüren, was Ihre Partnerin am meisten mag.

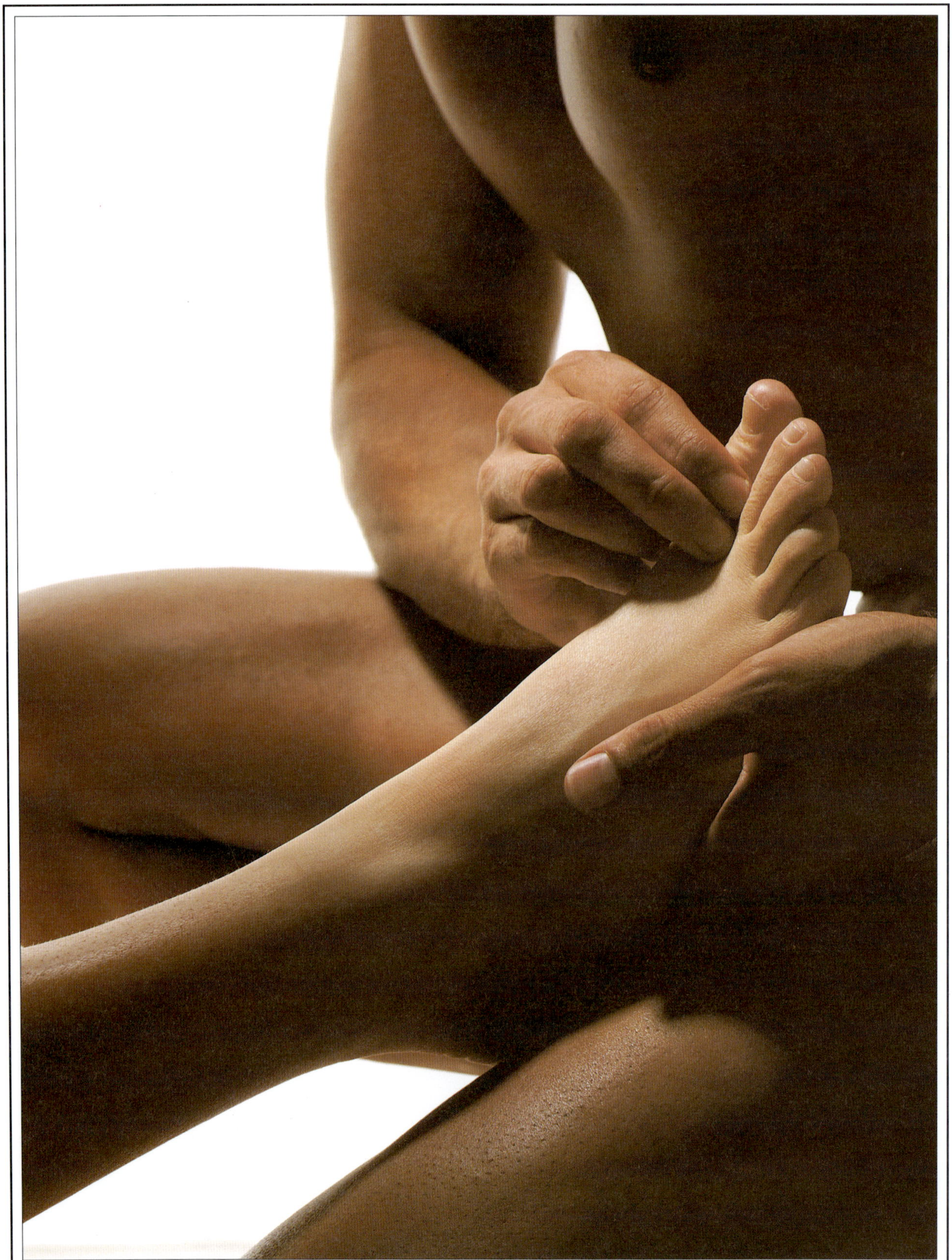

Warum nicht in die Fußstapfen berühmter Vorgänger treten und ihr mal die Zehen stimulieren?

ihr Nabel

Dieser Knopf am weiblichen Bauch kann sich als überraschend erotischer Körperteil erweisen, und einige – wenige – Frauen können sogar dadurch einen Orgasmus bekommen, daß man ihren Nabel stimuliert. Aber auch wenn das bei Ihrer Partnerin ausbleibt, dürften Sie merken, daß sie warme, wohlige Gefühle verspürt, wenn Sie nur ganz einfach ihren Nabel streicheln, küssen oder mit der Zunge zärtlich umkreisen.

ihr Hintern

Die reich mit empfindlichen Nervenenden versehenen weiblichen Pobacken sind äußerst erogen. Sie lieben es im allgemeinen sehr, gestreichelt, geküßt, getätschelt und gedrückt zu werden. Manche Paare schätzen auch recht kräftige Klapse – Schläge, die so derb sind, daß sie ein bißchen weh tun. Das ist vielleicht nicht nach Ihrem Geschmack, aber da so viele Gefallen daran finden, ist ein Versuch die Überlegung wert – vorausgesetzt, daß Sie es nicht übertreiben und Ihrer Partnerin unwillkommen heftige Schmerzen zufügen.

die Innenseiten ihrer Schenkel

Auch das sind äußerst erotische, kitzlige Partien, die zu küssen, zu streicheln und zu lecken sich lohnt. Da die Schenkel sich aber gefährlich nah bei der Vulva und Vagina befinden (wo es dann wirklich ernst wird), sollte man sie in die Erforschung der erogenen Zonen lieber erst sehr spät einbeziehen und sich nicht gleich zu Beginn darauf stürzen.

ihre Kniekehlen

Es gibt da eine Theorie, wonach die Nerven der Kniekehlen irgendwie mit dem Nervensystem der Klitoris verbunden seien. Auch wenn das wenig plausibel klingen mag, Ihre Geliebte wird es höchstwahrscheinlich sehr schätzen, wenn Sie ihr die Kniekehlen küssen oder ein wenig hineinbeißen.

ihre Fußsohlen

Auch dies ist eine »kaum besuchte« Partie des weiblichen Körpers. Wie bei der Stimulierung anderer intimer Zonen, so dürfte Ihre Partnerin angenehm erschauern, wenn Sie ihr die Fußsohlen streicheln und küssen. Aber tun Sie nicht zuviel des Guten, wenn sie dort kitzlig ist.

ihre Zehen

Nicht wenige Frauen werden hochgradig erregt, wenn der Mann spielerisch an ihren Zehen knabbert oder saugt. Einige finden es auch höchst erotisch, an den Fußknöcheln sanft gestreichelt zu werden.

ihr G-Punkt

Den Abschnitt zum G-Punkt (er wurde nach Ernst Grafenberg, seinem Entdecker, benannt) habe ich mir bewußt bis zum Schluß aufgespart, da er ganz eindeutig nicht zu den erotischen Zonen gehört, denen Sie sich gleich zu Beginn des Liebesspiels widmen sollten. Wenn Sie aber die Klitoris und die Vulva Ihrer Partnerin stimuliert haben, lohnt es sich oft, in der G-Punkt-Zone fortzufahren.

Die Mediziner sind sich sehr uneinig darüber, wo genau der G-Punkt ist bzw. ob er überhaupt existiert. Worauf es hier aber letztlich ankommt: Ganz ohne Zweifel verspürt eine große Zahl von Frauen angenehme und recht ungewöhnliche Gefühle, wenn ihre »G-Punkt« genannte Zone mit den Fingerspitzen massiert wird.

Nur wenige Männer wissen, wo der weibliche G-Punkt zu suchen ist, und entdecken ihn häufig rein zufällig. Nun, er liegt etwa 5 cm tief in der Vagina, an deren oberer Innenwand. Am besten findet man ihn, wenn man den angefeuchteten Finger sacht in die Scheide steckt und sich dann an der Unterseite des Schambeins langsam vortastet. Wenn Sie so etwa eine halbe Fingerlänge vorgedrungen sind, drücken Sie mit dem Fingerballen ziemlich fest gegen das harte Schambein. Vielleicht müssen Sie noch ein wenig suchen, um die richtige Stelle zu treffen, aber mit ein bißchen Glück werden Sie bald eine Rückmeldung im Stil von »Mmmh ... das fühlt sich interessant an« erhalten. Massieren, rubbeln Sie weiter, indem Sie den Finger vor und zurück bewegen, und es würde mich wundern, wenn das Resultat für Ihre Partnerin nicht großartig wäre.

EROTISCHE MASSAGE

Die erogenen Zonen Ihrer Partnerin zu massieren, ist eine hervorragende Idee. Ein wichtiger Hinweis bevor Sie beginnen: Überstürzen Sie nichts! Die meisten Männer glauben nämlich, sie sollten sobald wie möglich die Genitalien in diese Massage einbeziehen. Aber das mag kaum eine Frau.

Ich empfehle Ihnen dringend, für die Massage ein Öl zu benutzen. Natürlich könnten Sie in einem Sex-Shop teure, parfümierte Massagelotionen kaufen, die aber möglicherweise allergische Reaktionen hervorrufen, besonders wenn sie auf die intimeren, empfindsameren Körperstellen aufgetragen werden. Daher meine ich, daß Sie am besten Babyöl nehmen. Es kostet nicht viel und dürfte kaum zu Hautproblemen führen.

Zuallererst wärmen Sie das Öl in der hohlen Hand an. Nun könnten Sie sehr gut damit beginnen, es sanft in ihre Fußhaut einzureiben. Danach, und hier legen Sie all Ihre Sinnlichkeit in Ihre Fingerspitzen, massieren Sie ihre Waden und dann Schritt für Schritt weiter, bis zu den Kniekehlen. Mein persönlicher Rat: Verzichten Sie vorläufig darauf, die Beine noch weiter hinauf zu massieren, sondern wechseln Sie jetzt zum Nacken über, den Sie einige Minuten lang streicheln und kneten, um alle Spannungen und schmerzhaften Knoten zu lösen.

Als nächstes massieren Sie von den Schultern abwärts die Arme und versuchen dabei, Ihre Fingerspitzen vorsichtig in deren Muskeln zu graben. Erst danach sollten Sie sich dem übrigen Körper zuwenden – vielleicht fangen Sie mit ihren Rippen oder Schulterblättern an.

Gegen Ende dieses zärtlichen Spiels könnten Sie dann, ohne jede Hast, zu ihren Brüsten übergehen und sich über den Bauch zu den Innenseiten ihrer Schenkel hinunterbewegen. Und wenn Sie erst einmal soweit sind, wird Ihre Geliebte wohl danach dürsten, daß Sie noch weitergehen.

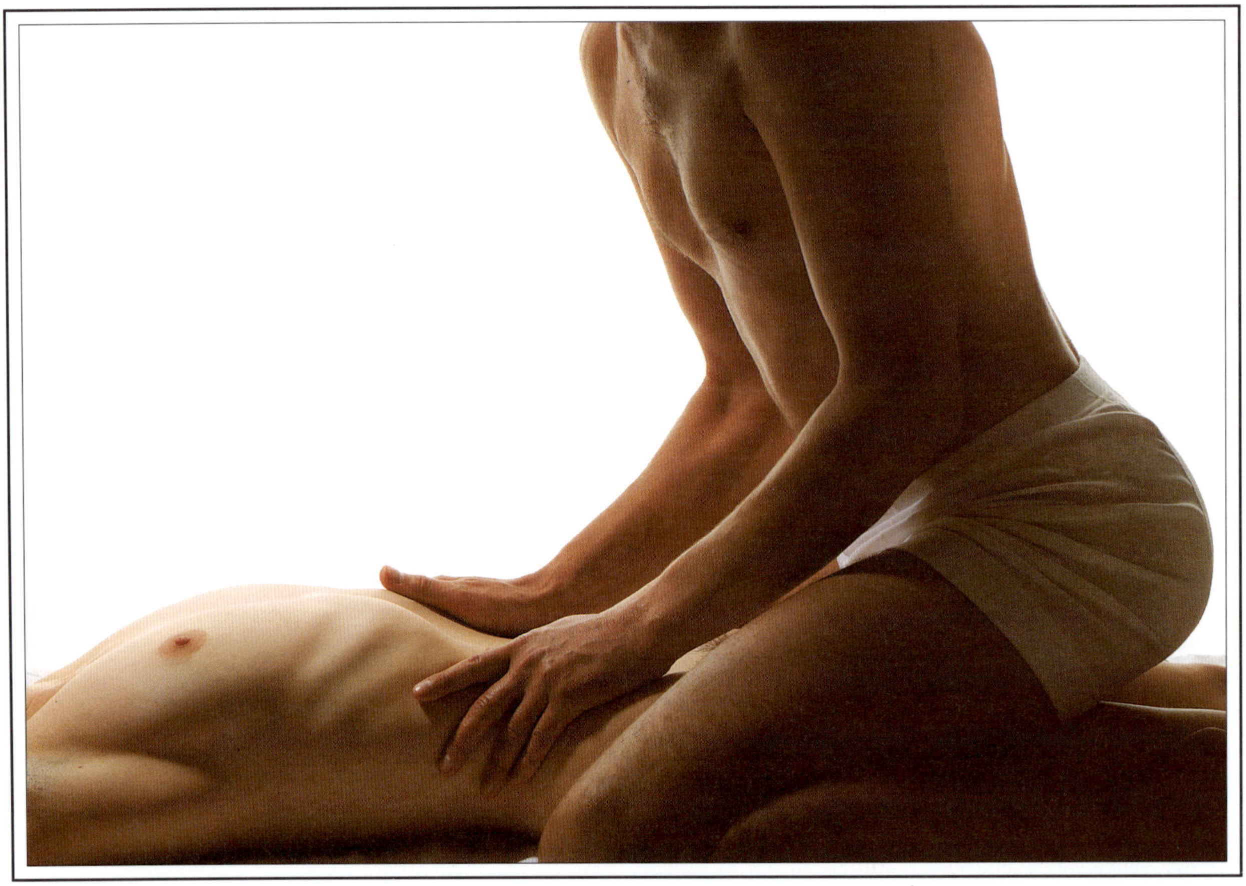

Eine sanfte Massage ist eine hervorragende Ouvertüre zu einem ausgedehnten, erfüllten Liebesspiel.

Beckenübungen steigern sexuelle Reaktionen

Wir haben bei unseren wissenschaftlichen Recherchen auch zu klären versucht, ob die Frau durch Körperübungen ihre Fähigkeit zu sexueller Befriedigung erhöhen kann.

Zweifellos können bestimmte Muskelübungen einer ganzen Zahl von Frauen dabei helfen. Man nennt sie »Beckenbodenübungen«, und sie sind inzwischen häufiger Programmteil bei der Schwangerschafts- und nachgeburtlichen Gymnastik sowie bei einigen Yoga-Gruppen und Frauen-Sexualitäts-Workshops.

Lassen Sie sich durch den Begriff »Beckenbodenübungen« nicht irreführen. Sie haben nichts mit Bodenturnen zu tun. Man kann sie im Sitzen, Liegen und Stehen machen. Denn der »Beckenboden«, das sind nichts als die starken Muskeln, die die weibliche Scheide umschließen.

Leider tendiert die Vagina dazu, nach einer Geburt (und insbesondere nach mehreren oder schwierigen Geburten) ein wenig zu erschlaffen, was wiederum den Koitus oft weniger befriedigend werden läßt. Beckenbodenübungen können da im allgemeinen Abhilfe schaffen.

Aber diese Übungen nützen jeder Frau, ob sie nun schon ein Kind geboren hat oder nicht, da sie die gesamte Vaginalzone anregen, beleben und kräftigen. Sie befähigen die Frau, ihre Scheide fest um den eingedrungenen männlichen Penis zu schließen, ihn stark zu spüren und so den Geschlechtsakt mehr zu genießen. Einige Frauen, die diese Übungen über längere Zeit praktizierten, berichten auch, daß sie dadurch ihren Orgamus selbst genußvoller erleben. Die Sache scheint also wohl einen Versuch wert.

Glücklicherweise sind diese Übungen leicht auszuführen. Zuerst kräftigen Sie den vorderen Teil des Beckenbodens. Dazu stellen Sie sich vor, daß Sie ganz fest den dringenden Wunsch unterdrücken, Wasser zu lassen. Spüren Sie, wie sich der Muskel vorn an Ihrem Becken anspannt, und halten Sie die Kontraktion zehn Sekunden lang. Dann entspannen Sie für zehn Sekunden. Wiederholen Sie das Ganze zehnmal – es dauert nicht mehr als drei bis vier Minuten.

Als zweites müssen Sie den hinteren Teil Ihres Beckenbodens stärken. Der Trick besteht darin, so zu tun, als ob Sie verzweifelt versuchten, eine Darmentleerung zu verhindern. Kneifen Sie also Ihren Hintern zusammen – fest, ganz fest! Zehn Sekunden lang, und dann nachlassen. Entspannen Sie sich wieder zehn Sekunden, und wiederholen Sie es zehnmal.

Sie sollten diese beiden Übungen zweimal täglich machen – und das jeden Tag. Es wird etwa sechs Monate dauern, bis sich wirklich spürbare Verbesserungen einstellen, aber spätestens dann dürften Sie merken, daß Ihre sexuelle Reaktion deutlich emporschnellt.

VAGINISMUS

Das ist ein Frauenproblem, das leider immer noch nicht ausgestorben ist. (Die Ärztinnen und Ärzte der englischen Familienberatungsstellen etwa werden allwöchentlich mit einigen neuen Fällen konfrontiert.) Bei einer Frau, die unter Vaginismus leidet, ziehen sich die Scheidenschließmuskeln und Teile der Beckenbodenmuskulatur bei jeder irgendwie gearteten Annäherung krampfartig zusammen. Das geschieht nicht willentlich – sie kann ganz einfach nichts dagegen tun.

Dieser Scheidenkrampf macht einen Koitus schwierig und schmerzhaft – häufig auch völlig unmöglich. So kann es dazu kommen, daß eine Frau mit Vaginismus auch nach jahrelanger Ehe noch Jungfrau ist. (Es gibt sogar Fälle »jungfräulicher Empfängnis und Geburt«. Dann ist zwar nicht der Penis, wohl aber das Sperma des Mannes in die Scheide der Frau gelangt.)

Wenn Sie Vaginismus haben, denken Sie wahrscheinlich zuerst einmal, daß Ihre Vagina irgendwie verstopft oder zu klein sei. Leider bekommen immer mal wieder solche Frauen von ihrem Arzt den irrtümlichen Bescheid, sie seien zu »eng gebaut«. Dabei hat sich der Arzt nur von den heftigen Muskelkontraktionen zum Narren halten lassen, die jedesmal dann einsetzten, wenn er die Patientin untersuchen wollte.

Wie kommt es zu dieser Störung? In vielen Fällen dürfte es sich um einen Komplex handeln, der auf die frühe Kindheit zurückgeht. Wenn man ein Mädchen dazu erzieht, seine Vagina für einen schmutzigen, unanständigen Körperteil zu halten oder Objekte jeder Art (insbesondere männliche Objekte) daraus fernzuhalten, koste es, was es wolle – braucht man sich nicht zu wundern, wenn es dann als Frau Scheidenkrämpfe hat.

Es gibt einen guten Test für diese Art von Vaginismus,

den *Delvin's Tampax Test*: Schaudern Sie bei dem bloßen Gedanken daran, daß Sie sich einen Tampon einführen? Wenn ja, dann haben Sie wahrscheinlich Vaginismus.

Der »sekundäre« Vaginismus ist etwas anderer Natur. Er kommt bei Frauen vor, die ein traumatisches oder schmerzliches Ereignis hinter sich haben, von dem auch ihre Vagina betroffen war. Konkret kann das von einer Vergewaltigung bis zur wirklich schlimmen Pilzkrankheit reichen. Die Erinnerung an das Geschehene kann dazu führen, daß auch diese Frauen bei jedem Koitusversuch einen heftigen unwillkürlichen Scheidenkrampf haben.

THERAPIE

Verschwenden Sie keine Zeit mit irgendwelchen Versuchen, Ihre Vagina zu vergrößern oder zu dehnen. Diese veralteten, unwirksamen Methoden sind längst durch eine einfache Entspannungstechnik abgelöst, die das jeweilige Paar in Familienplanungszentren sowie in speziellen sexualtherapeutischen Intituten gemeinsam erlernen kann.

Es kann eine Woche oder mehrere Jahre dauern, bis Sie, unter der Anleitung einer Ärztin oder Therapeutin, gelernt haben, sich richtig zu entspannen. Aber irgendwann klappt es dann sehr gut.

»FRIGIDITÄT«

Ich setze das Wort »Frigidität« in Anführungszeichen, weil das der übliche Begriff für das gemeinte Phänomen ist. Es ist aber eine sehr irreführende Bezeichnung. Sie unterstellt nämlich, die Frau sei sexuell von Grund auf kalt und auch selbst schuld daran. Das ist aber völlig falsch.

»Frigidität« meint also den Mangel sexuellen Verlangens bei einer Frau. Er ist entweder primär (d. h. sie war noch nie sehr interessiert an Sex) oder sekundär (ja früher einmal, aber heute nicht mehr).

Die primäre Frigidität hat dieselben Ursachen wie der Vaginismus (vgl. weiter vorn) – nämlich eine repressive Erziehung, die das Mädchen glauben machte, alles Geschlechtliche sei schmutzig und eklig und keinesfalls dazu angetan, einer Frau Spaß und Freude zu bereiten. Die primäre Frigidität ist heutzutage wesentlich weniger verbreitet als früher.

Die sekundäre Frigidität ist dafür sehr häufig. Einige ihrer Hauptursachen sind:

- Müdigkeit
- Überarbeitung
- Niedergeschlagenheit
- Angstzustände
- Ende der Verliebtheit
- Ehestreitigkeiten
- Nachwirkungen einer Geburt
- Nachwehen einer schweren Krankheit
- Spätfolgen einer Operation
- Drogenmißbrauch
- Nebenwirkungen von Medikamenten
- Alkoholmißbrauch

THERAPIE

Man sollte sich darüber im klaren sein, daß es kein einfaches Mittel gibt, um eine lustlose Frau von heute auf morgen wild auf Sex zu machen. Viele Leute – vor allem Ehemänner – glauben, die Ärzte könnten irgend welche magischen Hormone verschreiben, die alles wieder richten. Aber genau das ist unmöglich. Ein paar Sexkliniken verabreichen in der Tat Spritzen männlicher (nicht weiblicher) Hormone, um damit die Begierde der Frau in Schwung zu bringen. Aber an der Wirksamkeit dieser Therapie gibt es einige Zweifel. Sie kann bei der behandelten Frau auch zu Akne, einer tieferen Stimme und einem mehr oder weniger starken Schnurrbart führen.

Ich halte es für sehr viel vernünftiger, wenn Sie sich beide an einen Arzt oder Therapeuten – männlich oder weiblich – wenden, der mit Ihnen herauszufinden versuchen wird, weshalb es Ihnen an Libido mangelt. Manchmal kommt das sehr schnell an den Tag – etwa, wenn Sie im Bett in ständiger Angst schweben, weil die Eltern genau nebenan schlafen und durch die dünne Schlafzimmerwand jedes, aber auch absolut jedes Geräusch hören können!

In anderen Fällen kann es Monate dauern, bis der Grund gefunden ist – oder die Gründe (es gibt oft mehr als einen). Aber wenn das Paar und der Arzt oder Therapeut erst einmal herausgearbeitet und verstanden haben, warum die Frau kein sexuelles Verlangen hat, können sie anfangen, etwas daran zu ändern. Manchmal muß das Paar seine sexuellen Einstellungen möglicherweise von Grund auf ändern und versuchen, alte Hemmungen über Bord zu werfen, und ganz neue, romantische Wege der Liebe beschreiten. Wenn Sie Hilfe brauchen, wenden Sie sich am besten an qualifizierte Institutionen der Sexualberatung und Familienplanung (siehe S. 139).

VIBRATOREN

Unsere neuesten Umfragen belegen, daß es heute sehr, sehr viele Frauen gibt, die mit großem Vergnügen Vibratoren benutzen. Die meisten greifen nicht immer und jedesmal darauf zurück, betrachten sie aber als lustvolle Bereicherung ihrer Liebesspiele.

Es zeigte sich auch, daß sexualtherapeutisch erfahrene Ärzte diese Vibratoren den Frauen inzwischen als nützliche Hilfsmittel empfehlen, mittels derer sie leichter einen Orgasmus erreichen bzw. überhaupt erregt werden.

Daher sollte sich jeder Mann, der ein guter Liebhaber sein möchte, mit Vibratoren und deren Gebrauch auskennen. Er sollte sie nicht als Bedrohung seiner männlichen Rolle und seines Stolzes sehen, wie das manchmal geschieht, sondern darauf vorbereitet sein, sie auch zu benutzen, wenn seine Partnerin das von ihm möchte.

Was macht man mit einem Vibrator? Die Antwort ist einfach und klar: alles, was eine Frau sich wünscht. Aber meist wird der Vibrator zur Stimulierung der Klitoris und des Scheideninneren benützt. Manchmal führt der Mann diese Sexualhilfe, manchmal die Frau und manchmal beide zusammen. Tun Sie einfach das, was Ihnen im jeweiligen Moment richtig und angenehm erscheint.

Es gibt heute ein ganzes Spektrum verschiedener Vibratoren zu kaufen; die im folgenden beschriebenen sind nur eine kleine Auswahl der beliebtesten Typen:

Butterfly

Bei diesem »Gefühlsschmetterling« handelt es sich um einen kleinen, batteriebetriebenen Apparat, der mit Bändern so um die Oberschenkel bzw. Taille der Frau befestigt wird, daß er auf ihrer Klitoris liegt, dort bei allen ihren Bewegungen vibriert und sie »punktgenau« stimuliert.

der künstliche Phallus

In ihrer Form bilden die meisten Vibratoren in der Tat den männlichen Penis nach. Sie haben unterschiedliche Größen – von sehr klein bis riesig – und teilweise auch eine strukturierte Oberfläche. Man kann sie sanft in die Scheide schieben oder einfach an den Kitzler anlehnen und sie dann ganz allein vor sich hinsummen lassen.

Vibratoren sind heute sehr beliebt – zur Stimulierung der Brust wie der Vulva und Vagina.

Angel's egg

Das Engelsei hat, wie der Name schon sagt, die Form eines Eies. Das kleine Gerät ist durch einen dünnen Draht mit einer Batterie verbunden. Es wird genau vor die Scheidenöffnung plaziert, um dort sanft zu pulsieren.

der Pistolengriff

Es gibt einige Vibratoren, die der Mann wie eine Pistole oder ein Schlagbohrgerät in der Hand hält. Wenn er den »Abzug« betätigt, beginnt ein mit Noppen versehener »Kopf« an der Vorderseite des Gerätes heftig an der weiblichen Klitoris zu vibrieren. Einige dieser Vibratoren sind ans Stromnetz anzuschließen und sollten deshalb nie in der Nähe von Wasser (z. B. im Bad) benutzt werden, da es sonst zu tödlichen Unfällen kommen könnte.

Männer scheinen eine Vorliebe für diese Pistolengriff-Vibratoren zu haben – weil sie es ihnen ermöglichen, Cowboy-Phantasien im Schlafzimmer auszuagieren. Wenn Sie nichts gegen solche »Wildwest«-Spiele einzuwenden haben, wäre es nicht die schlechteste Idee, Ihrem Leib-Sheriff so einen Pistolengriff zum Geburtstag zu schenken.

was können Männer von Lesben lernen?

Bei unseren Erhebungen zur Sexualität von heute suchten wir auch die Frage zu beantworten, ob männliche Liebhaber sich bei lesbischen Frauen etwas abgucken könnten.

Die befragten, sexualforscherisch tätigen Ärzte berichten, daß nach ihrer Erfahrung die Frauen beim lesbischen Liebesspiel ihre Partnerin meist sehr sanft und gekonnt streicheln und stimulieren. Das ist kaum überraschend – denn schließlich sind sie ja selbst Frauen und wissen daher sehr viel eher, was ihresgleichen erregt und was nicht.

Nur wenige Frauen, die miteinander schlafen, verfallen dabei auf jene Techniken mit umgeschnalltem *Dildo* oder künstlichem Penis, die sich Männer in ihren Lesbenphantasien oft vorstellen. Frauen tendieren vielmehr dazu, ihre Partnerinnen dadurch zum Höhepunkt zu bringen, daß sie ihnen, langsam und sensibel, mit den Fingern, der Zunge und den Lippen die Brustwarzen, die Vulva und die Klitoris und deren Umgebung stimulieren. Wer als Mann ein guter Liebhaber sein möchte, kann also sehr wohl einiges von der gemächlichen, zarten Annäherung lesbischer Frauen an den weiblichen Körper lernen.

F

Sind Sie mit der Häufigkeit Ihrer Orgasmen zufrieden oder möchten Sie öfter einen Orgasmus haben?

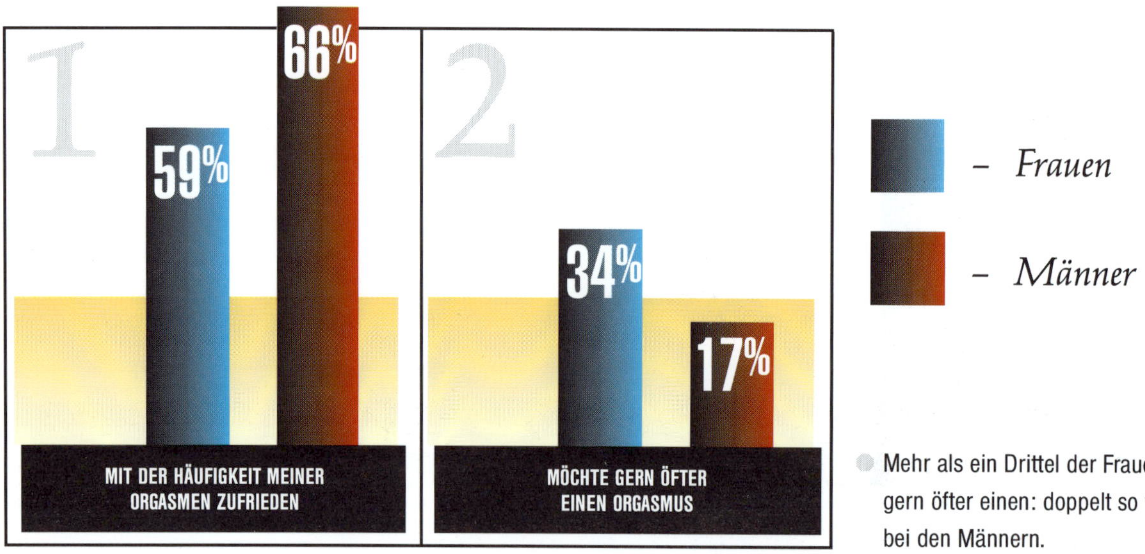

Mehr als ein Drittel der Frauen hätte gern öfter einen: doppelt so viele wie bei den Männern.

F Haben Sie je Orgasmen vorgetäuscht?

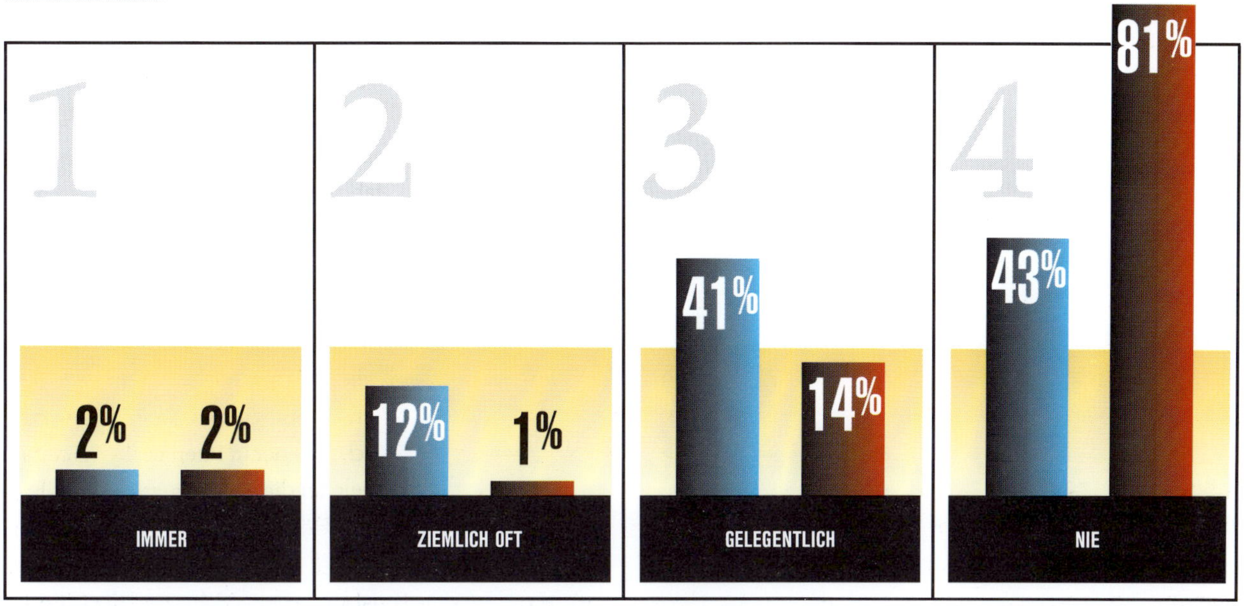

Nur 2% der Männer *und* Frauen scheinen stets einen Orgasmus vorzutäuschen – aber 43% der Frauen »gelegentlich«, gegenüber 14% der Männer. »Nie« angeblich nur 43% der Frauen, aber 81% der Männer.

F Wie oft kommen Sie beim Koitus zum Orgasmus?

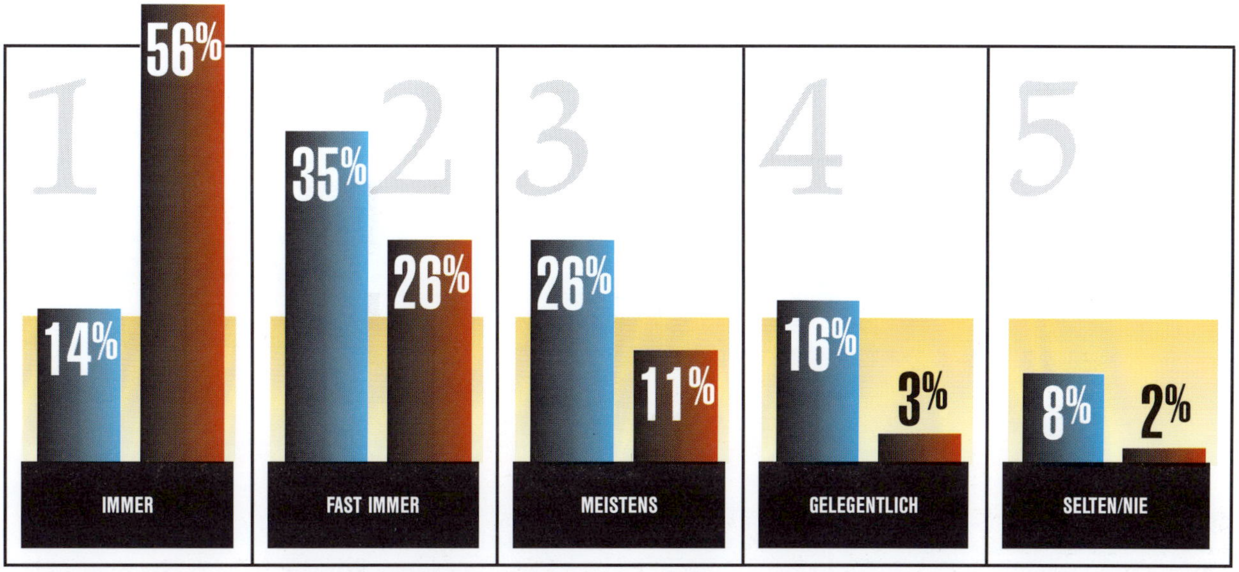

Über 50% der Männer haben bei jedem Koitus einen Orgasmus, aber nur 14% der Frauen.

2

Sexuelle Reaktionen des Mannes

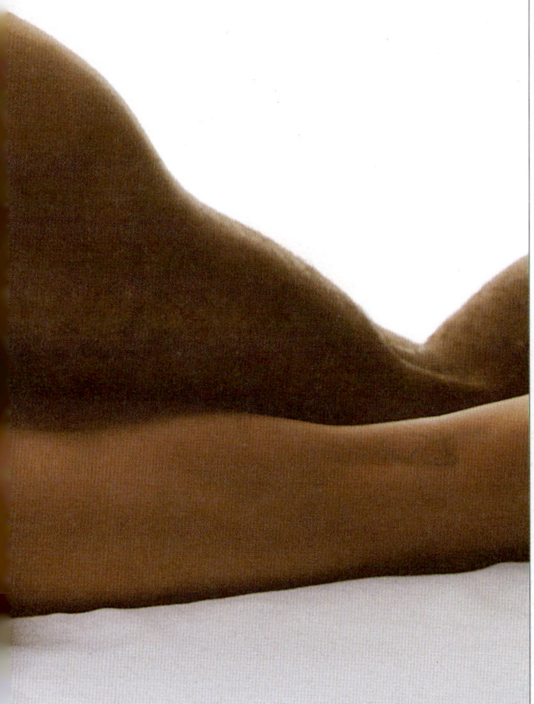

Was geht eigentlich in einem Mann vor, wenn er »kommt«? Nach meiner ärztlichen Erfahrung wissen viele (vor allem Frauen) nicht wirklich, was ein männlicher Orgasmus ist.

Hier meine Antwort: Ein Mann erreicht den Höhepunkt fast ausschließlich durch die Stimulation seines Penis – wobei es gleichgültig ist, ob er durch die Vagina, die Hände oder irgendeinen anderen Körperteil seiner Partnerin oder aber durch seine eigene Hand, einen Vibrator und dergleichen erregt wird.

Im Gegensatz zu Frauen kommen Männer durch die Stimulierung anderer Körperregionen normalerweise nicht zu einem Orgasmus. Die meisten Ärzte sind jedenfalls sehr skeptisch gegenüber den mit schöner Regelmäßigkeit wiederkehrenden Presseberichten, wonach irgendein Mann durch heftiges Zehensaugen, ein anderer durch intensives Ohrläppchenkitzeln einen Höhepunkt erreicht habe.

Zugegeben, es gibt eine klare Ausnahme von der genannten allgemeinen Regel. Sie besteht darin, daß Männer – vor allem in ihrer Jugend – bei ihren nächtlichen erotischen Träumen oft einen Orgasmus erleben (daher auch »feuchte Träume«). Aber selbst wenn man annimmt, daß der Mann in diesen Fällen ohne jede im engeren Sinne sexuelle Stimulierung seines Penis zum Höhepunkt gelangt, dürfte doch die allfällige Reibung seines Gliedes am Pyjama oder an der Bettwäsche für diese Erektionen und Ejakulationen mitverantwortlich sein.

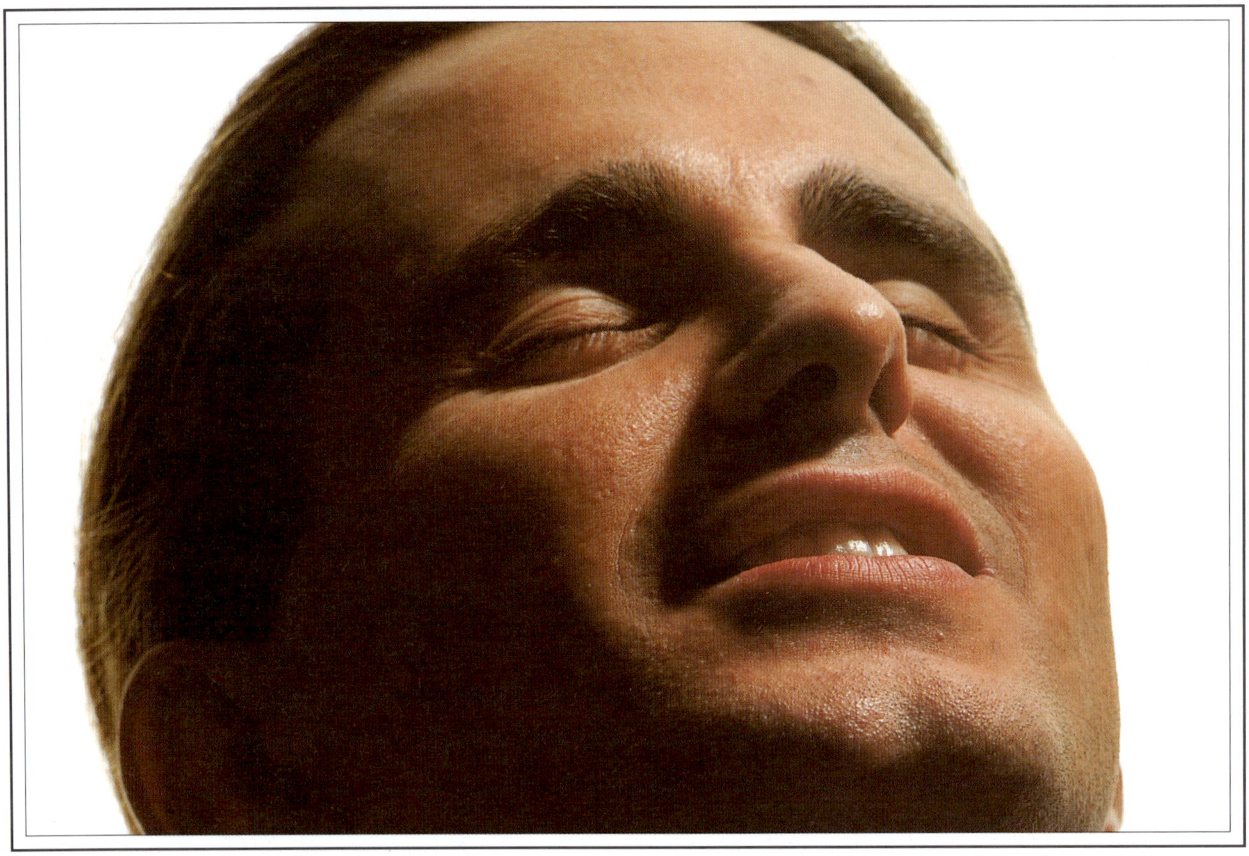

Im Moment des Orgasmus wirkt das Gesicht eines Mannes manchmal eher schmerzverzerrt als lusterfüllt.

Daher sollte jede Frau, die eine gute Liebhaberin sein möchte, sich darüber im klaren sein, daß ihr Partner eine direkte Stimulierung seines Penis braucht, um einen Orgasmus zu erreichen. Oder einfacher und mit anderen Worten gesagt: Wenn der Mann diese Art direkter Erregung nicht bekommt, könnte es ihm schwer fallen, »es zu packen« – besonders, wenn er nicht mehr der Jüngste ist.

Damit soll nicht gesagt sein, daß es nicht auch andere Faktoren gäbe, die einem Mann mit zu einem Orgasmus verhelfen. So sind etwa psychologische Gesichtspunkte von großer Bedeutung; sie werden, ebenso wie die emotionalen Aspekte des männlichen Höhepunkts, später untersucht (Seite 50). Das ändert aber nichts daran, daß ein Mann für seinen Orgasmus die Reibung benötigt, die auf die empfindlichen Nervenenden seines Gliedes ausgeübt wird. Sie erst ermöglicht es ihm, die im folgenden beschriebenen, vier Stadien sexueller Erregung zu durchlaufen:

erstes Stadium: **Erregung**

In dieser Phase der Erregung beginnt sich die sexuelle Begierde des Mannes wirklich aufzubauen. Der Penis wird jetzt sehr steif, Herzschlag, Atemfrequenz und Puls beschleunigen sich allesamt. Verschiedene natürliche chemische Stoffe fangen an, in seinen Blutgefäßen zu zirkulieren, und bereiten seinen Körper auf den Orgasmus vor.

zweites Stadium: **Plateau**

In der Plateauphase hat der Mann ein hohes Niveau sexueller Spannung erreicht, aber noch nicht die Kontrolle über sich verloren. Erfahrene Liebhaber können diese Phase eine halbe Stunde oder noch viel länger aufrechterhalten, wenn sie das wollen, und dazu nutzen, das Liebesspiel mit ihrer Partnerin noch weiter zu genießen, bevor sie endgültig die Schwelle zum Orgasmus überschreiten.

Leider tendiert die Plateauphase bei vielen (vor allem jungen) Männern zu extremer Kürze – sie kommen also bei weitem zu früh. Wie dieses Problem zu lösen ist, besprechen wir auf Seite 52.

drittes Stadium: **der eigentliche Orgasmus**

Damit hat der Mann den Punkt erreicht, von dem es kein Zurück mehr gibt – er muß es einfach gehen (oder besser:

kommen) lassen. Gute Liebhaber schaffen es, immer und immer wieder bis an die Schwelle zu diesem Stadium zu gehen und sich dann wieder davon zurückzuziehen, wenn sie es wollen. Aber selbst der Mann mit der größten Selbstkontrolle der Welt wird dann und wann ungewollt die Schwelle zum Orgasmus überschreiten.

In dieser Phase geht physisch einiges im Mann vor. Im Bruchteil einer Sekunde schießt zuallererst das Sperma in den unteren Teil seiner Harnröhre, die sich durch den ganzen Penis zieht. Amerikanische Sexualwissenschaftler haben dies den »Moment ejakulatorischer Unausweichlichkeit« genannt, weil danach der Orgasmus ganz und gar unaufhaltsam wird. Es gibt nun nichts mehr auf der Welt, was der Mann (oder seine Partnerin oder sonst jemand) tun könnte, um ihn zurückzuhalten. Auch wenn Sie ihm jetzt eine Pistole an die Schläfe halten, können Sie damit das Unvermeidliche nicht mehr verhindern. Er muß jetzt seinen Orgasmus haben.

Dieser plötzliche Schwall von Samenflüssigkeit, der aus der Prostata und angrenzenden Drüsen in die Peniswurzel spritzt, weitet die Harnröhre auf ein Mehrfaches ihres normalen Durchmessers aus. Dennoch ist diese Flüssigkeit viel zu viel für sie – und so reagiert sie durch rhythmische Kontraktionen, die das Sperma in mehreren Wellen, schnell und sehr kraftvoll durch das gesamte Glied und aus ihm hinaus schießen. Und diese Wellen sind, selbstverständlich, für den Mann höchst angenehm.

Bei einem besonders starken Orgasmus – es gibt natürlich unterschiedlich starke – kann das Sperma manchmal bis zu einem Meter weit spritzen. Bei den meisten männlichen Höhepunkten reicht die dahinterstehende »Schubkraft« jedoch nur dazu aus, die cremige Flüssigkeit etwa sieben Zentimeter weit zu schleudern. Aber für die Zwecke der Fortpflanzung ist das schon mehr als genug. Der Sinn dieser Ejakulationsstöße besteht ja darin, die Samenflüssigkeit ans Ende der weiblichen Vagina zu beförden – und von dem ist die Eichel des Mannes während des Koitus ja nie allzuweit entfernt.

Wieviel Samenflüssigkeit produziert der Mann bei so einem Höhepunkt? Im Durchschnitt ist es ein Teelöffel voll – erheblich weniger, als viele meinen.

Angesichts all des damit verbundenen Aufwands mag einem das fast ein bißchen bescheiden erscheinen, und in der Tat glauben ja viele Männer felsenfest, daß sie weit mehr produzieren (sie werden aber durch Laboratoriumsexperimente unweigerlich eines besseren belehrt). Dieses Quantum variiert jedoch von einem Tag zum anderen, und wenn Sie mehrmals kurz hintereinander mit einer Frau schlafen – etwa alle paar Stunden –, dürfte es beträchtlich abnehmen. Umgekehrt, wenn Sie wochenlang abstinent gelebt haben, werden Sie bei dem nächsten Orgasmus höchstwahrscheinlich weitaus mehr Samenflüssigkeit ejakulieren als sonst.

Die Menge der Samenflüssigkeit ist also bei allen Männern relativ gering. Das sollte aber nicht darüber hinwegtäuschen, daß auch so ein Teelöffel voll schon mehrere hundert Millionen von winzigen Spermien enthält, außer natürlich bei sterilen Männern. (Hinweise zur Empfängnisverhütung und zur Bedeutung des Kondoms finden Sie auf den Seiten 104–106 bzw. 138–139.)

Eine kuriose Statistik, die bei unseren Recherchen anfiel, möchten wir Ihnen nicht vorenthalten: Demnach werden – allein in Großbritannien – Nacht für Nacht bei etwa 4 Millionen Orgasmen ungefähr 20000 Liter dieser bemerkenswerten Flüssigkeit ejakuliert!

viertes Stadium: **Rückbildung**

Der Begriff der »Rückbildungsphase«, den die amerikanischen Sexologen Masters und Johnson für dieses vierte und letzte Stadium prägten, besagt nichts anderes, als daß sich in dieser Periode alles beruhigt und zum Normalzustand zurückkehrt.

Nun beginnt der Penis meist zu erschlaffen, allerdings nicht bei allen Männern, vor allem bei jüngeren nicht. Als Frau sollte man wissen, daß der Penis für ein, zwei Minuten sehr berührungsempfindlich sein kann. Der Puls, die Atmung und der Blutdruck des Mannes werden wieder normal, und sehr oft produziert sein Nervensystem auch spezielle, beruhigende Stoffe, die seine Gehirnaktivität dämpfen und ihn schläfrig machen. Deshalb schlafen auch so viele Männer unmittelbar nach ihrem Orgasmus ein.

Eine letzte Bemerkung noch zur männlichen Rückbildungsphase: Sie dauert, nach wissenschaftlichem Verständnis, so lange, bis der Mann erneut zu einem Orgasmus fähig ist. Auch Frauen haben eine solche Phase der Rückkehr zur Normalität – sie ist aber sehr viel kürzer als bei Männern. Jedes Paar sollte wissen, daß Frauen nach einem Orgasmus möglicherweise sehr schnell zu einem neuerlichen Höhepunkt in der Lage sind – die meisten Männer hingegen nicht.

Bei jungen Männern kann diese Abschlaffzeit relativ schnell vorüber sein. So ist es sicher nicht ungewöhnlich, wenn ein männlicher Teenager in einer Stunde zweimal einen Höhepunkt erleben kann. Aber mit wachsendem Alter wird die männliche Rückbildungsphase länger und länger, so daß es bei einem älteren Mann gut und gern 24 Stunden dauern mag, bis er zu einem zweiten Orgasmus fähig ist.

Für ein gutes, oder gar besseres, Sexualleben benötigen beide Partner, ob Mann oder Frau, außer ihrer Kenntnis der weiblichen Geschlechtsteile selbstverständlich auch ein Grundwissen über die sexuelle Anatomie des Mannes.

Die ist nun sehr viel leichter zu begreifen als die weibliche – zum Teil deshalb, weil die männlichen Sexualorgane überwiegend außen sind, wo man sie problemlos besichtigen kann. Schauen wir sie uns doch eins nach dem anderen an.

sein Penis

Was eine Frau an erster Stelle wissen und berücksichtigen muß: Für den Mann ist sein Penis etwas sehr Wichtiges, Kostbares. Die meisten Männer machen sich von sehr früh an und bis ins hohe Alter viele Gedanken (und Sorgen) über ihr Glied.

Was hat es nun mit diesem Gebilde auf sich, von dem die Männer so viel her machen? Es ist ein fleischiges Organ, das in nicht-erigiertem (hängendem oder schlaffem) Zustand etwa 7,5–10 cm lang ist. Über die Länge gleich noch mehr.

Im Inneren enthält der Penis drei längliche Schwellkör-

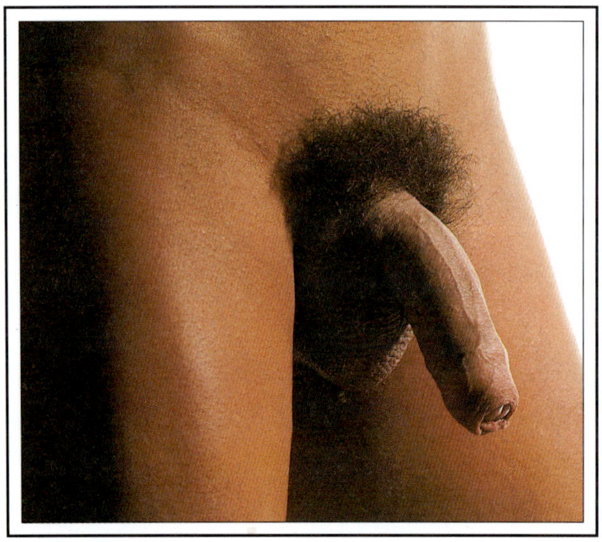

Bei sexueller Erregung strömt Blut in den Penis.

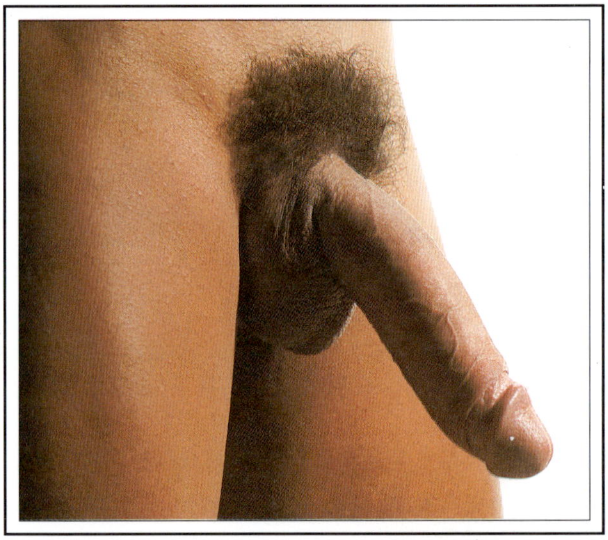

Dann schwillt der Penis, wie ein sich füllender Schlauch.

per, die wie drei kleine Zigarren aussehen und sich bei sexueller Erregung mit Blut füllen können. Genau dieser Vorgang (der manchmal »Tumeszenz« genannt wird) läßt das Glied steif werden und erigieren, stehen.

Zwischen diesen drei zylinderförmigen Höhlungen verläuft die Harnröhre. Sie ist dünner als eine Kugelschreibermine und zieht sich von der Peniswurzel bis zum Penisende. Ihre senkrechte, spaltförmige Öffnung an der Eichelspitze ist etwa 7 mm hoch. Durch diese Röhre gehen die Samenflüssigkeit *und* der Urin ab. Diese Doppelfunktion des männlichen Gliedes als Ausscheidungs- und Sexualorgan ist die Ursache zahlreicher sexueller Komplexe und Hemmungen – vor allem weil die meisten Kinder dazu erzogen werden, ihr Pipi für etwas »Schmutziges« zu halten. Wie schon im vorigen Kapitel erwähnt, ist Urin keineswegs schmutzig; er ist, von einigen wenigen Ausnahmen abgesehen, eine sterile Flüssigkeit, d. h. frei von Krankheitskeimen. Deshalb ist auch der Penis kein schmutziges Organ, wie viele meinen. Die Harnröhre enthält normalerweise keine Krankheitskeime in relevanter Menge und gibt daher auch (wenn man nicht an einer sexuell übertragbaren Krankheit oder Infektion der Sexualorgane leidet) nichts Unangenehmes, Böses oder Gefährliches weiter.

Und die Außenseite des Penis? Nun, sie besteht zum größten Teil aus einer dünnen, sehr dehnbaren Haut mit deutlich sichtbaren Venen. Dabei ist wichtig zu wissen, daß diese weiche Haut sehr sensibel und mit mehr sexuell empfindlichen Nervenenden vollgepackt ist als irgendeine andere Stelle des männlichen Körpers.

Als Frau sollten Sie sich bewußt machen, daß dieses Organ mit seiner empfindsamen Haut *sein* sexuelles Nervenzentrum ist. Was immer Sie (in vernünftigem Rahmen) mit dieser weichen Haut anstellen – vom sanften Streicheln mit den Fingerspitzen bis zum genußvollen Lecken –, wird für Ihren Mann sehr angenehm sein und ihn eventuell zum Höhepunkt bringen.

Der innere Druck führt schließlich zur vollen Erektion.

Auch die Penisspitze ist erstaunlich empfindlich. Ihr medizinischer Name ist *Glans* (Eichel), in Form und Farbe erinnert sie aber eher an eine Pflaume. Beim Koitus stößt nun diese angeschwollene Eichel mit ihrer angenehm seidigen Haut ganz bis zum Ende der Vagina vor.

Ein anderer wichtiger Bestandteil des Penis ist die Vorhaut (Präputium). Diese Hautfalte des Penisschafts ist bei der Geburt noch an der Eichel befestigt. Mit zunehmendem Alter eines Jungen wächst auch sein Glied, und nun sollte die Eichel aus der Vorhaut herauskommen, sich aus ihr lösen. Normalerweise bleibt aber, vor allem bei kaltem Wetter, ein Gutteil der Penisspitze bedeckt.

Wenn ein Mann eine Erektion bekommt, sollte sich seine Vorhaut ganz zurückziehen, so daß die Eichel völlig entblößt wird. Das funktioniert aber leider bei einigen Männern nicht; sie geht nicht oder nur wenig zurück, die Glans bleibt daher verhüllt – selbst beim Koitus.

Das ist ebenso unhygienisch wie sexuell unbefriedigend. Wenn Sie davon betroffen sind, sollten Sie sich die Vorhaut entfernen lassen (eine harmlose Operation, die man »Beschneidung« nennt). Ob nun der beschnittene oder der unbeschnittene Penis »sexuell besser« sei, scheint ein wahrhaft unerschöpfliches Diskussionsthema zu sein. Es gibt aber weder für die eine noch für die andere These überzeugende Beweise. Jedenfalls ist ein beschnittener Penis leichter zu waschen und sauber zu halten. Allerdings kann eine Beschneidung zu unangenehmen Komplikationen wie heftigen Blutungen oder Infektionen führen.

seine Hoden

Die Hoden (Eier) eines Mannes sind seine beiden Sexualdrüsen. Sie befinden sich im Skrotum, einem kleinen, faltigen Hautsack direkt unterhalb des Penis. Sie haben zwei Funktionen:

- Sie produzieren männliche Sexualhormone, die mit dem Blutstrom zirkulieren und für die Geschlechtsmerkmale eines Mannes, wie Bart, Körperbehaarung, virile Muskelausbildung, tiefe Stimme, Aggressivität und sexuelles Interesse an Frauen, verantwortlich sind.
- Sie produzieren die Spermien, die in der Samenflüssigkeit des Mannes schwimmen.

So ein Hode wiegt durchschnittlich 12 g – sehr viel weniger, als die meisten denken. Er hat eine glatte, annähernd ovale Form, eine Länge von etwa 5 cm und einen Durchmesser von ca. 2,5 cm.

Normalerweise ist ein Hode eine Idee größer als der andere; das ist also absolut kein Grund zur Sorge. Und normalerweise hängt auch der eine tiefer als der andere. Die überwiegende Mehrheit der Männer wird mit zwei Hoden geboren; gelegentlich findet der Arzt bei der Untersuchung eines Mannes aber auch mal einen dritten. Ganz wenige Männer haben nur einen Hoden in ihrem Skrotum; das liegt meist daran, daß der andere den vorgeburtlichen Abstieg aus der Bauchhöhle zum Hodensack nicht geschafft hat und im Leistenkanal steckengeblieben ist. In solchen Fällen sollte man möglichst frühzeitig operieren, um den Hoden in den Hodensack zu bringen oder aber gänzlich zu entfernen. (Bleibt er nämlich, wo er ist, kann das sehr leicht zu seiner Erkrankung führen.) Nur einen Hoden zu haben, ist für den Mann im Bett und beim Kinderzeugen kein Handicap.

Aus weiblicher Sicht ist in bezug auf die Hoden zweierlei wichtig:

- Männer mögen es, wenn man sie da berührt. Sie finden das sexuell erregend – wenn auch das Streicheln, Liebkosen der Hoden allein, wie intensiv und ausführlich auch immer, sie nicht zum Orgasmus bringen kann.
- Diese beiden Drüsen sind sehr zart und empfindlich – man sollte sie nicht zu fest drücken oder gar mit dem Knie oder Ellbogen schmerzhaft stoßen.

Problem Penisgröße

Wie schon gesagt, mißt ein schlaffer (nicht erigierter) Penis normalerweise etwa 7,5–10 cm. Wie lang sollte er aber nun in steifem Zustand sein?

Diese Frage hat für die meisten Männer große Bedeutung. Es gibt nur wenige, die nicht irgendwann einmal ein Maßband zur Hand genommen und heimlich ihr wertvolles Stück gemessen – und sich dann Sorgen gemacht haben, ob es denn nun groß genug sei oder nicht. Tatsächlich sind einige Männer ihr ganzes Leben lang davon überzeugt, daß ihr Penis zu klein sei. Damit liegen sie aber, in der überwiegenden Mehrheit jedenfalls, vollkommen falsch. Hier nun die Fakten zur Penisgröße:

- Erstaunlicherweise haben die meisten Penisse erigiert etwa dieselbe Größe. Ein Organ, das in schlaffem Zustand eher zu den kleineren seiner Art gehört, wird, sobald es sich versteift, in der Regel etwa auf die doppelte Länge anwachsen. Umgekehrt bringt es ein im Normalzustand recht ansehnlicher Penis bei einer Erektion oft nur auf etwa 70 Prozent Längenwachstum.
- Bei den allermeisten Männern beträgt die Penislänge zwischen 15 und 18 Zentimetern, wenn sie sexuell erregt sind.
- Der Grund für die häufige Selbstunterschätzung: Wenn ein Mann auf sein eigenes Glied hinunterblickt, nimmt er es perspektivisch verkürzt wahr – er wird also das Opfer einer optischen Täuschung, die seinen Penis kürzer erscheinen läßt, als er tatsächlich ist. Wenn derselbe Mann nun in Umkleideräumen oder wo auch immer einen prüfenden Blick auf seine Geschlechtsgenossen wirft, sieht er sie in Seitenansicht – und da wirkt ein Penis eben länger.

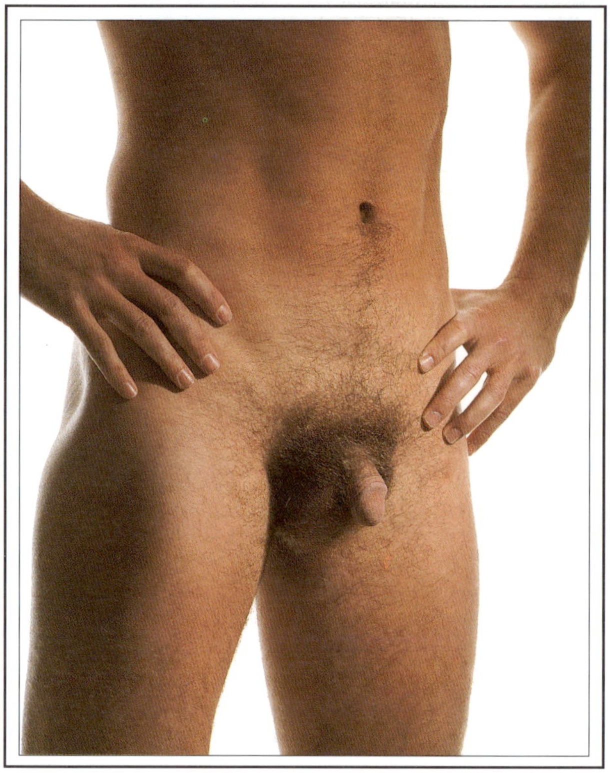

Dieser Penis sieht etwas klein aus – das liegt vor allem daran, daß es dem Mann kalt ist.

Dieser recht große Penis dürfte seinem Besitzer, zu Unrecht, klein vorkommen.

In schlaffem Zustand ist dieser Penis ausnehmend groß – steif hat er aber eine ganz normale Größe.

Dieser beschnittene Penis sieht winzig aus, kann aber wohl 15 cm lang (oder länger) werden.

- Wenn Sie eine genauere Vorstellung von der Länge Ihres Gliedes bekommen wollen, sollten Sie sich einmal im Spiegel von der Seite betrachten. Aus diesem Blickwinkel wird es Ihnen wahrscheinlich besser gefallen.
- Entgegen einem weitverbreiteten Vorurteil haben die Penisse aller Rassen in erigiertem Zustand etwa dieselbe Länge. Der Mythos von den größeren Organen schwarzer Männer ist blanker Unsinn, wie die Wissenschaft gezeigt hat.
- Zwischen Penisgröße und Potenz besteht eindeutig keinerlei Zusammenhang: Ein Mann kann trotz seines riesigen Organs ziemlich unmännlich und ein erbärmlicher Liebhaber sein.

Obwohl dies alles seit Jahren fast zum Allgemeinwissen gehört, gibt es immer noch Männer, die sich wegen ihres angeblich zu kleinen Penis sorgen. Das sind recht unnötige Ängste: Schließlich ist die Vagina, wie wir im vorigen Kapitel gesehen haben, ein überaus elastisches Organ, das sich fast jedem Glied anpaßt und dann, egal wie groß oder klein es ist, wie angegossen sitzt.

Schon seit Jahren versuchen Briefkastenonkel/-tanten und andere, besorgte Männer mit der magischen Formel »auf die Größe kommt's nicht an« zu beruhigen. Trotzdem tendieren Frauen, die das Glied ihrer Liebhaber als groß einschätzen, in Meinungsumfragen dazu, die Qualität ihres Sexuallebens etwas höher zu bewerten als Frauen mit Partnern, deren Penis ein bißchen kürzer geraten ist. Andererseits meinten bei unserer neuesten Umfrage mehr als 50 Prozent der befragten Frauen, es komme ihnen viel mehr auf das an, was ein Mann im Bett mache, als auf die Größe seines Penis. Man liegt sicher richtig mit der Annahme, daß die meisten Frauen den geschickten, zärtlichen, rücksichtsvollen und kenntnisreichen Liebhaber mit kleinem Glied einem ungeschickten, egoistischen, stümperhaften und gedankenlosen Ignoranten mit großem Penis bei weitem vorziehen.

Noch ein letzter Hinweis, den Sie berücksichtigen sollten, wenn Sie zu den vielen Männern gehören, die sich in puncto Größe benachteiligt glauben: Viele Frauen empfinden Angst oder Abscheu bei der Vorstellung, daß ein riesiges Glied in sie hineingestoßen wird; sie fühlen sich davon bedroht und fürchten, es könnte ihnen Unbehagen oder gar Schmerzen bereiten. Diesen Frauen wäre es mehr als recht, wenn Ihr Penis etwas klein geraten wäre.

POTENZ-TRAINER

Bei der Vorbereitung dieses Buches stellten wir auch Recherchen zum Thema »Penis-Entwickler« an – Sexualhilfen, die das Glied vergrößern. Demnach gibt es einen riesigen Markt für diese Geräte, die durch Sex-Shops und Versandhäuser in großer Zahl vertrieben werden. Das zeugt von der bemerkenswerten Hartnäckigkeit, mit der so mancher Mann der Idee anhängt, er brauche ein gewaltigeres Organ.

Die meisten sogenannten Developers oder Potenz-Trainer sind Glas- oder Plastikzylinder, etwa halb so groß wie eine Weinflasche. Daran ist ein Schlauch mit einer Gummibirne angesetzt. Die Handhabung: Man stülpt den Zylinder über den Penis und pumpt mit der Birne einen Großteil der Luft aus dem Gefäß, so daß ein Unterdruck, ein beachtlicher Saugeffekt entsteht, der in der Tat eine Erektion bewirken kann. Also in etwa so, wie wenn Ihnen eine Frau beim Oralsex hingebungsvoll am Glied saugt.

Die Konstrukteure solcher Geräte behaupten nun, dieser Saugvorgang lasse den Penis des Kunden länger werden. »Sie können zusehen, wie er wächst und wächst«, verkünden sie. Das ist ganz sicher eine hübsche Idee – aber mir ist aus langer ärztlicher Praxis kein einziger Beweis für diese angebliche segensreiche Wirkung bekannt.

Warum werden sie dann von so vielen Männern benutzt? Teils, weil die um jeden Preis einen größeren Penis haben möchten, teils, weil sie der gut formulierten Reklame für diese Zylinder glauben – und teils, weil diese Geräte, das läßt sich nicht leugnen, als Masturbationsmaschinen recht wirksam sind. So informiert ja auch ein maßgebliches britisches Sexualhilfen-Handbuch den geneigten Leser, daß »ein Developer Ihnen wundervoll zu masturbieren hilft, wobei Sie beide Hände frei haben, um ein Buch oder eine Zeitschrift zu lesen oder andere Teile Ihres Körpers zu streicheln«.

Seit kurzem sind auch Saugzylinder mit Batterie- oder Netzbetrieb auf dem Markt. Sie arbeiten genau nach denselben Prinzipien wie die beschriebenen, einfacheren Modelle. Aber auch in ihrem Fall konnte ich keinen Beleg für irgendeine penisvergrößernde Wirkung finden.

Vorsicht: Exzessives Saugen soll im Penis Blutungen oder Quetschungen hervorrufen können. Wenn Sie also einen Versuch mit so einem Gerät wagen möchten, dann bitte, in Ihrem Interesse, mit Maßen.

WAS MÄNNER ERREGT

Frauen mit Lust auf guten Sex sollten natürlich wissen, was Männer gewöhnlich scharf macht und was sie selbst dazu tun können. Wir haben weiter vorn in diesem Kapitel gesehen, daß bei einem Mann, der sexuell erregt zu werden beginnt, als erstes der Penis steif wird. Dieses Phänomen der Erektion entspricht dem Feuchtwerden der Scheide bzw. dem Erigieren der Klitoris einer Frau, die sich lustvollen Koitusgedanken zuwendet.

Aber warum wird sein Penis hart und steif? Wie schon gesagt: Das männliche Glied besteht zu einem großen Teil aus diesen drei kleinen, zylindrischen Schwellkörpern. Wenn der Mann an Sex zu denken anfängt, strömt eine ganze Menge Blut in diese Zylinder. Gleichzeitig beginnen sich die Gefäße zu schließen, die normalerweise Blut aus diesen Zylindern abführen. Folglich wird das Blut – unter beträchtlichem Druck – im Innern des Penis gestaut.

Einen ganz ähnlichen Effekt erzielen Sie, wenn Sie aus voller Lunge einen langen Luftballon oder ein Kondom aufblasen – sie stehen dann prall und stolz da. Und genau das macht ein erigierendes Glied auch.

Sie fragen sich vielleicht, wie es zu diesen geheimnisvollen Veränderungen im Blutstrom kommt. Initiiert und ausgelöst werden sie durch bestimmte Prozesse in den Gefühlszentren des männlichen Hirns. Die setzen ein, sobald der Mann an Liebe zu denken beginnt – und vor allem, wenn seine Partnerin anfängt, sich mit ihm über Sex zu unterhalten. Diese Prozesse senden über sein Rückenmark Impulse zu den »Sexnerven« in seinem Becken hinunter, die ihrerseits seinen Penis versorgen.

Sehr oft spielt dabei jedoch noch ein anderer, mehr »lokaler« Faktor eine Rolle: Wenn Sie seinen Penis reiben, streicheln oder daran saugen, löst das einen Reflex aus, der auch sein Rückenmark einbezieht, zur Veränderung der Blutzirkulation beiträgt und ihm so eine Erektion verschafft. Übrigens ist Saugen wahrscheinlich die wirksamste Methode, um das zu erreichen. Frauen, die einen Ständer herbeizusaugen wissen, haben schon zahllosen Männer mit Erektionsproblemen geholfen.

Bis ins letzte Detail ist der technische Mechanismus, der die Blutzirkulation im Penis verändert (und so einen Steifen erzeugt), den Ärzten allerdings bis heute nicht bekannt. Neuere Untersuchungen legen aber nahe, daß das alles

Oraler Sex ist ein liebevolles, sehr wirksames Mittel, um einen Mann zur Erektion zu bringen.

einem bislang unbekannten Teil des Nervensystems zu verdanken ist. So berichteten 1992 Medizinwissenschaftler in einem Artikel der hoch angesehenen Zeitschrift *Science*, sie hätten möglicherweise das Geheimnis der männlichen Erektion gelüftet. Sie behaupteten, im Penis Nervenenden gefunden zu haben, die bei sexueller Stimulation Stickoxydgase abgeben. Dieses Gas, so die Forscher, bewirke die Veränderungen der Blutzirkulation, die zur Versteifung des Gliedes führen.

Aber wie auch immer – eine Frau, die eine gute Liebhaberin sein möchte, sollte eines wissen. Daß sie nämlich normalerweise einem Mann recht leicht zu einer (dauerhaften) Erektion verhelfen kann, wenn sie folgendes tut:

- Streicheln, liebkosen und reiben Sie seinen Penis mit den Fingern.
- Saugen Sie an seinem Glied – das ist oft die effektvollste Erektionshilfe überhaupt.
- Erzählen Sie ihm erotische Sachen – wenn Sie ihm Obszönitäten ins Ohr flüstern, kann das ein kräftiges Stimulans für ihn sein (für Sie natürlich auch).

VORGETÄUSCHTE EREKTION?

Bei unseren Recherchen entdeckten wir, daß recht viele Männer sich wünschen, sie könnten eine Erektion vortäuschen. Sie leiden unter dem gestiegenen Erwartungsdruck – im Handumdrehen eine Erektion zuwege zu bringen –, dem sie sehr oft einfach nicht entsprechen können. Ein Patient sagte mir: »Die Frauen haben's da leichter. Die können Interesse simulieren. Wir nicht.« Das ist nur allzu wahr. Eine Frau kann so tun, als sei sie am Liebesspiel interessiert, und einen Koitus relativ problemlos hinter sich bringen. Ihre mangelnde Erregung kann zwar dazu führen, daß sie nicht feucht wird – aber viele Frauen helfen auch da etwas nach und führen diskret ein künstliches Gleitmittel in ihre Scheide ein, das ja in jeder Drogerie erhältlich ist.

Kein Mann kann eine Erektion vortäuschen, wenn auch manche einen Orgasmus simulieren können und das gelegentlich auch tun – vor allem, wenn sie müde sind. Das passiert aber nicht mit derselben Häufigkeit wie bei Frauen.

Der Penis ist zwar die wichtigste erogene Zone Ihres Liebhabers – aber nicht seine einzige.

SPONTANE EREKTIONEN

So wie Männer keine Erektionen vortäuschen können, so können sie auch keine unterdrücken, und das ist für manche Frauen nur schwer verständlich.

Vor allem bei jungen Männern kann sich der Penis in den unpassendsten Momenten zum »Stehen« entschließen, oft ohne ersichtlichen Grund und auch wenn sein Besitzer gar nicht bewußt an Sex denkt. Das ist eine Quelle großer Verlegenheit für viele – vor allem für Jugendliche –, die plötzlich merken, daß ihr Penis in seinem unaufhaltsamen Drang zur ungewollten Erektion ihre Hose gewaltig zu wölben beginnt, und das in der Öffentlichkeit!

Medizinisch gibt es gegen das Syndrom des eigenwilligen Penis kein Mittel. Die einzig möglichen Reaktionen auf eine spontane Erektion bestehen darin, darauf zu warten, daß sie von allein verschwindet, mit jemandem zu schlafen (was sich vielleicht nicht machen läßt) oder die Gelegenheit zur Selbstbefriedigung im stillen Kämmerlein zu nutzen. Einige Männer meinen aber, daß sie eine Erektion auch sehr schnell abflauen lassen können, wenn sie an unerotische Dinge denken – sich etwa vorstellen, sie würden von einem Gorilla verfolgt, oder über ein schwieriges Arbeitsproblem nachdenken.

EROGENE ZONEN DES MANNES

Die meisten Frauen wissen wahrscheinlich, daß der Penis die weitaus erogenste Zone des Mannes ist. Während sich die sexuelle Stimulierung bei der Frau nicht unbedingt auf die Klitoris konzentrieren muß, um sie glücklich und zufrieden zu machen, kann man ohne Übertreibung sagen, daß fast alle sexuell aktiven Männer von ihrem Penis wie besessen sind.

Trotzdem besitzt der männliche Körper natürlich eine Menge anderer erogener Zonen, und alle Paare, die diese Regionen beim Liebesspiel vernachlässigen, verpassen wirklich einiges. Hier nun eine Kurzdarstellung der wichtigsten, vom Kopf bis zu den Füßen, wobei Sie nicht vergessen sollten, daß eine Frau ja nicht nur ihre Hände, sondern auch ihre Brüste, ihre Zunge und ihre Lippen hat, um einen Mann zu liebkosen und zu erregen.

Ihr Geliebter dürfte es sehr mögen, wenn Sie ihm die Ohrläppchen lecken oder daran saugen.

sein Haar

Die meisten Männer lieben es, wenn man ihnen die Haare zaust und streichelt – natürlich nicht, wenn sie eine Perücke oder ein Toupet tragen. Männer mit Glatze sind oft sehr davon angetan, wenn man ihre Kopfhaut streichelt.

unter seinem Kinn

Unter dem Kinn des Mannes, beiderseits des Adamsapfels, befindet sich eine sexuell recht sensible Zone. Streicheln, Küssen und Schnuppern zeitigen hier meist gute Resultate.

seine Ohren

Bei den meisten Männern sind die Ohren genauso empfindlich wie bei Frauen – das sind in der Tat erogene Zonen, die beide Geschlechter gemein haben. Wenn Sie seine Ohren küssen, lecken und daran saugen, dürfte fast jeder Mann in Fahrt kommen – aber nicht alle.

sein Rücken

Fast alle Männer mögen es, daß man ihnen die Rückenmuskeln streichelt, massiert oder sanft knetet.

seine Brustwarzen

Leider ist nur wenig bekannt, daß die Brustwarzen und der Warzenhof des Mannes, wie die entsprechenden weiblichen Zonen, sehr sensibel sind. Wenn Sie ihn hier streicheln, küssen oder leicht kneifen und zwicken, kann ihn das ganz schön erregen und seine Warzen steif werden lassen.

sein Hintern

Pobacken und After sind auch beim Mann gut mit empfindlichen Nervenenden ausgestattet. Wenn Sie aber Ihren Liebhaber in der Analgegend gestreichelt haben, sollten Sie sich unbedingt die Hände waschen, bevor Sie andere Körperteile berühren, um keine Infektion zu riskieren.

seine Füße

Die Füße sind recht erotische Angelegenheiten. Das ist inzwischen auch ins allgemeine Bewußtsein gedrungen, und zwar aufgrund von Zeitungsberichten über Frauen, die angeblich »wundervolle Zehen-Jobs« machen. Bei einem »Zehen-Job« nehmen Sie einfach die große Zeh Ihres Partners – oder eine andere, ganz wie Sie mögen – in den Mund und bewegen die Lippen saugend auf und ab, so daß es für die Zehe, ihn und Sie selbst natürlich auch angenehm ist. Selbstverständlich sollten Sie das nur dann tun, wenn er ein hygienebewußter Zeitgenosse ist.

EROTISCHE MASSAGE

Männer mögen es wirklich sehr, wenn man ihre erogenen Zonen massiert. Das ist auch ein Grund, weshalb die Massagesalons – insbesondere »oben ohne« – so beliebt sind. Wenn Ihnen also danach ist, sollten Sie die Massage »oben ohne« vornehmen, aber gewärtig sein, daß er sie damit beendet sehen will, daß Sie ihm den Penis massieren.

Als erstes sollten Sie ihn dazu bringen, sich nackt und mit dem Gesicht nach unten aufs Bett zu legen. Dann reiben Sie sich die Hände mit Babyöl ein oder, wenn sie

Warum nicht ein paar Tropfen Champagner auf seine große Zehe gießen – und sie genußvoll auflecken!

Setzen Sie sich rittlings auf ihn und massieren Sie ihm die Pobacken – eine sehr erogene Zone.

keins haben, mit Talkumpuder, damit Ihre Handflächen und Fingerspitzen gut rutschen.

Beginnen Sie damit, ihm die Schultern und die oberen Rückenmuskeln zu massieren und durchzukneten – viele Männer sind da sehr verspannt, vor allem nach einem anstrengenden Arbeitstag. Nun könnten Sie sich langsam am Rückgrat hinuntermassieren und ihn dabei sanft zwischen die Wirbel und Rippen knuffen. Am Hintern angelangt, sollten Sie die Finger so richtig spreizen und ihm dann mit vollen Händen liebevoll die Pobacken streicheln. Denken Sie daran, daß viele Männer eine große Schwäche für ein paar sanfte Klapse auf den Po haben.

Als nächstes massieren sie in langsamem Auf und Ab die Innenseiten seiner Schenkel und seine Waden. Erst danach darf er sich umdrehen. Zu diesem Zeitpunkt könnte er auch schon ganz wild (und für Sie unübersehbar) auf sexuelle Aktivitäten sein. Aber wenn Sie wollen, läßt sich der Massagespaß noch ein bißchen verlängern, indem Sie seine Brustwarzen streicheln und seine Bauchmuskeln massieren, bevor Sie schließlich seinen inzwischen ungeduldig wartenden Geschlechtsteilen zustreben.

GEHEIME MÄNNERWÜNSCHE

Wenn die Leute über ihr Sexualleben reden, ist häufig die Bemerkung zu hören: »Das andere Geschlecht sollte einfach mehr über unsere Art zu fühlen wissen und darüber, was wir im Bett besonders mögen.« Das sagen Männer ebenso wie Frauen. Am besten fragt man natürlich seine/n Partner/in, was er/sie am liebsten hat. Aber genau das – und die Antwort darauf – fällt vielen schwer. Wenn Sie dieses Kommunikationsproblem jedoch lösen können, zahlt sich das für Ihre Beziehung mehr als aus.

Wenn Sie eine Frau sind, dann finden Sie hier zehn nützliche Vorschläge, die Sie auf einige der Dinge bringen, die die meisten Männer im Bett schätzen:

1 *Obszönitäten*

Es gibt zwar Männer, die beim Koitus auf absolutem Stillschweigen bestehen, aber die meisten finden es äußerst aufregend, wenn eine Frau »Unanständiges« von sich gibt.

Es ist immer gut, den Partner nach seinen Bett-Wünschen zu fragen – aber auch zu experimentieren.

2 *Bewunderung*

Genau wie die Frauen, so mögen es auch Männer sehr, wenn man ihnen im Bett schmeichelt. Welcher Mann möchte nicht hören, daß er groß in Form ist, daß er ein guter Liebhaber ist und – vor allem – daß er den schönsten und besten Penis hat?

3 *Enthusiasmus*

Es gibt immer noch Frauen und Männer, die ihr Liebesspiel oft nur mit halbem Herzen angehen und dabei vielleicht sogar noch ein Auge beim Fernseher oder der Uhr haben. Wenn Sie aber Begeisterung zeigen, wird auch er es Ihnen bald gleich tun.

4 *Lachen*

Auch in Sachen Sex einen Sinn für Humor zu haben, kann mehr wert sein als hundert Orgasmen. Wer seinen Mann unter der Bettdecke zum Kichern bringen kann, erweist sich damit selbst einen Dienst. Manche Paare finden den ewigen Ernst im Bett streßfördernd und schlecht für ihr Sexualleben und ihre Beziehung.

5 *Lustgestöhn*

Die meisten Männer machen gern ein bißchen Lärm im Bett – als unüberhörbares Zeichen ihrer Leistungsfähigkeit. Das ist vielleicht nicht angebracht, wenn Kinder, Eltern oder Freunde in Hörweite sind. Aber wenn Sie in der glücklichen Lage sind schreien zu können, ohne daß es für Sie oder andere peinlich wird, dann tun Sie sich bitte keinen Zwang an! Wenn möglich, sollten Sie auch den Moment Ihres Orgasmus laut und deutlich kundtun, damit Ihr Liebhaber weiß, daß Sie gekommen sind.

6 *Experimentierfreude*

Männer sind beim Liebesspiel im allgemeinen innovativer als Frauen – und dann etwas ratlos, wenn ihre Partnerin sich gegen Neuerungen und Experimente sträubt. Wenn Sie sich von seinen Ideen und Vorschlägen nicht überfordert fühlen, dürfte es auch für Sie angenehm aufregend sein, Ihre Liebespraktiken zu variieren. Bleiben Sie also offen und reagieren Sie je nach Ihrer Stimmung und Situation.

Scheuen Sie sich nicht, mal laut zu schreien, wenn Sie beim Liebesspiel die Leidenschaft überkommt.

7 *Eine neue Stellung probieren*

Unterschiedliche sexuelle Stellungen können das Liebesspiel weniger routinemäßig machen. Denken Sie daran: Ihr Mann dürfte es zu schätzen wissen, wenn Sie ihn gelegentlich bei der Hand nehmen und sagen: »Lieber, ich möchte, daß du mich mal ganz anders nimmst ...« Oder lassen Sie ihn einfach durch Ihr Verhalten spüren, was Sie im Sinn haben.

8 *Anfassen und massieren*

Wie schon gesagt: Männer lieben es eigentlich immer, wenn eine Frau sie berührt – besonders an ihren Schamteilen. Am besten haben Sie immer eine Flasche Babyöl zur Hand, womit Sie ihm dann, wenn die Stimmung danach ist, alle intimeren Körperstellen genußvoll einreiben können.

9 *Erotische Kleidung*

Wenn eine Frau mit ihrem Äußeren zufrieden ist und sich gut angezogen fühlt, fördert das wahrscheinlich auch ihre Lust auf Sex. Glaubt sie dagegen, wenig anziehend auszusehen, wird sie sich mit aller Wahrscheinlichkeit auch genauso fühlen und wohl für seine sexuellen Avancen unempfänglich sein. Mit einer Unterwäsche, die eigentlich schon lange in die Lumpensammlung gehört, dürften Sie sich kaum sexy und begehrenswert fühlen – und dürften im übrigen auch Ihres Partners Verlangen nicht eben steigern. Ebensowenig wird es ihn entflammen, wenn er Sie mit cremebedecktem Gesicht antrifft. Wenn Sie sich für Ihren Liebhaber anziehen – oder ausziehen –, sollten Sie daran denken, daß manche Leute gern halbnackt der Liebe pflegen, wenn sich auch die meisten einig sind, daß man die Socken besser nicht anbehält.

10 *Strippen und bewundert werden*

Mancher Frau widerstrebt es, sich vor ihrem Liebhaber auszuziehen, weil sie ihren Körper für wenig vollkommen hält. Die meisten Männer erregt es aber sehr zuzusehen, wie eine Frau ihre Kleidungsstücke eins nach dem anderen ablegt, und könnten enttäuscht sein, dieses Sehvergnügens beraubt zu werden, weil sie fürchtet, ein wenig zu dick zu sein oder kleinere Brüste als normal zu haben. So ein Strip kann für beide Seiten etwas peinlich sein, besonders zu Beginn einer Liebesbeziehung – er kann aber, wenn man ihn schön lustvoll angeht, auch zu einem aufregenden Teil des Vorspiels werden.

PSYCHOLOGIE des ORGASMUS

Keine Frau hat je einen männlichen Orgasmus erlebt – und umgekehrt.

So ist es für das eine Geschlecht natürlich schwierig, genau zu verstehen, was das andere Geschlecht im Augenblick des »großen Ahs« empfindet. Dennoch ist es besonders für die Frau, die eine gute Liebhaberin sein möchte, wichtig zu begreifen, was in der Psyche eines Mannes geschieht, wenn er kommt.

Die *Reproduction Biology Research Foundation* (Stiftung zur Erforschung der Biologie der Fortpflanzung) in St. Louis, Missouri, hat in einer Studie zur Psychologie des Orgasmus über 400 Männer zwischen 18 und 89 Jahren untersucht. Das Ergebnis:

Aus psychologischer Sicht lassen sich beim männlichen Orgasmus zwei Stadien unterscheiden:

Stadium eins

Dieses erste Stadium beginnt mit dem schon weiter oben beschriebenen Moment, wenn nämlich der Mann spürt, daß er sehr, sehr bald einen Orgasmus haben wird – und daß er nichts auf der Welt tun kann, um ihn aufzuhalten, selbst wenn seine Partnerin bittet, ihn noch ein bißchen hinauszuzögern. Es folgt dann eine Phase von zwei oder drei Sekunden Dauer, in der in seiner Psyche außer dem, was die Forscher als »subjektive Erfahrung vollkommener Unausweichlichkeit« beschreiben, nicht sehr viel vor sich geht.

Stadium zwei

Zuerst wird sich der Mann der Wellen äußerst angenehmer Gefühle bewußt, die sich von der Umgebung seiner Peniswurzel aus nach oben ausbreiten. Sie sollen sehr den angenehmen »Wogen« ähneln, die Frauen während eines Orgasmus spüren.

Diese Wellen angenehmen Gefühls sind so überwältigend, daß der Mann in diesem Moment ganz einfach an nichts anderes denken kann – obwohl er vielleicht vage die Reaktionen seiner Liebhaberin wahrnimmt, besonders wenn sie ihn noch anfeuert.

In der zweiten Phase dieses Stadiums konzentriert sich das männliche Bewußtsein normalerweise darauf, daß er nun eine, wie es ihm vorkommt, erhebliche Menge Samen-

Das spielerische Ausprobieren verschiedener Stellungen gibt Ihrer Beziehung Würze und neue Frische.

flüssigkeit ausstößt, was für seine Psyche ungeheuer befriedigend ist. Jetzt wird er sein Glied wahrscheinlich so weit wie möglich nach vorn stoßen – und seinen »Liebessaft« so tief er irgend kann in den Körper seiner Liebhaberin spritzen.

Die Untersuchung verdeutlicht, daß der Mann seinen Orgasmus psychisch überraschend wenig kontrollieren kann. Wenn er damit anfängt, gibt es kein Halten mehr. Das bringt uns zu einem Thema, das wir bei der Vorbereitung dieses Buches ebenfalls eingehend untersucht haben, weil es für viele Männer ausgesprochen angstbesetzt ist.

WENN ER ZU FRÜH KOMMT

In vielen Beziehungen (vor allem bei jungen Paaren) hat der Mann einen zu »frühen oder leichten Druckpunkt«. Mit anderen Worten: »Er bekommt einfach ein bißchen zu schnell einen Orgasmus«. Bei extremen Fällen bezeichnet man das als »vorzeitige Ejakulation« (vgl. rechte Spalte).

Glücklicherweise kann ein Paar einiges dafür tun, daß der Mann länger dabei bleiben und seinen Orgasmus verzögern kann.

Dazu gehören folgende Techniken:

- Vereinbaren Sie, daß der Mann Ihnen durch irgendein Signal mitteilt, wenn er seinen Orgasmus nahen fühlt.
- Dann sollten Sie auf der Stelle und solange aufhören, zu zappeln, zu stoßen und irgendwelche sexuellen Dinge zu sagen oder zu tun, bis er es geschafft hat, etwas abzuklingen.
- Wenn der Mann den Orgasmus schon recht nahe fühlt, sollte er das anwenden, was die Psychologen »Ablenkungstechniken« nennen. Das bedeutet, sein Bewußtsein von allem Sexuellen abzuwenden und an etwas Unerotisches zu denken – wie Politik, Fußball oder Arbeit. (Was ein unerotisches Thema ist, hängt natürlich von dem jeweiligen Mann ab!)
- Zusätzlich kann er sich auch physisch ablenken, indem er etwa die Zähne fest zusammenbeißt oder sich zwickt oder gar beißt!
- Auch wenn Sie den Rhythmus Ihrer Bewegungen ändern oder ganz einfach eine kleine Pause einlegen, kann das helfen.

Therapie vorzeitiger Ejakulation

Niemand weiß, ab welchem Punkt genau das »Ein-bißchen-zu-früh-Kommen« zur handfesten vorzeitigen Ejakulation wird, aber darauf kommt es auch gar nicht an. Jedenfalls leidet ein Mann, der regelmäßig schon einen Orgasmus hat, bevor er in seine Partnerin eindringt, ernstlich an vorzeitiger Ejakulation. Manche würden von einer milden Form sprechen, wenn der Mann den Koitus nicht über fünf Minuten ausdehnen kann.

Als Faustregel gilt: Wenn Ihnen die oben beschriebenen einfachen Methoden nicht geholfen haben, den Orgasmus spürbar hinauszuzögern, wird es Zeit, fachliche Hilfe zu suchen. Glücklicherweise gibt es schon seit einigen Jahren eine ausgezeichnete Form der Selbstbehandlung, mit deren Hilfe Masters und Johnson eine Erfolgsrate von 98 Prozent erzielten.

Der wichtigste Teil dieser Paartherapie besteht darin, unter fachmännischer Anleitung einen speziellen (schmerzlosen) Penis-Griff zu lernen, der, von der Frau angewandt, beim Mann sofort den Wunsch zu ejakulieren verschwinden läßt.

Diesen Griff gegen vorzeitige Ejakulation lernen Sie beim Therapeuten. Er muß »sitzen«, sonst hilft er nicht.

Die Behandlung umfaßt sehr viel mehr als die hier nur grob umrissene Grifftechnik. Häufig muß der Therapeut den beiden helfen, eine neue Einstellung zueinander und zur Sexualität überhaupt zu entwickeln. Oft erfordert dieser Prozeß Monate eingehender Beratung. Wenn Sie Hilfe brauchen, wenden Sie sich am besten an eine verhaltenstherapeutisch orientierte Einrichtung zur Paar- und Sexualtherapie.

Verzögerungssprays

Mancher Mann greift in Fällen vorzeitiger Ejakulation auch zu lokal anästhesierenden Cremes, Salben oder Sprays, die man auf den Penis aufträgt bzw. sprüht, um dessen Empfindlichkeit beim Koitus zu verringern und den Orgasmus zu verzögern. Solche örtlich betäubenden Präparate sind in Sex-Shops und bei Versandhäusern für wenig Geld zu haben.

Diese Mittel versprechen viel, dürften aber nach meiner Meinung nur bei den allerleichtesten Fällen vorzeitiger Ejakulation helfen. Sie haben zudem zwei Nachteile:

- Wenn der Mann nicht gleichzeitig ein Kondom benutzt, bekommt seine Partnerin von seinem Penis zwangsläufig auch eine Dosis dieses Lokalanästhetikums ab, und die könnte ihre Gefühle und Empfindungen beeinträchtigen und sie so um einen Teil ihres Vergnügens bringen.
- Aber vor allem führen die meisten dieser örtlich betäubenden Mittel häufig zu recht heftigen und schmerzhaften Reizungen der betroffenen Hautpartien und empfindlichen Gewebe. Das passiert wahrscheinlich nicht schon bei der ersten Anwendung, kann aber später jederzeit auftreten. Und so eine Überreizung Ihres Penis oder Ihrer Vagina könnte äußerst unangenehm sein. Deshalb würde ich selbst auch nie eins dieser Präparate für eine Therapie vorzeitiger Ejakulation empfehlen.

F

Haben Sie sich schon mal über einen der folgenden Punkte Sorgen gemacht?

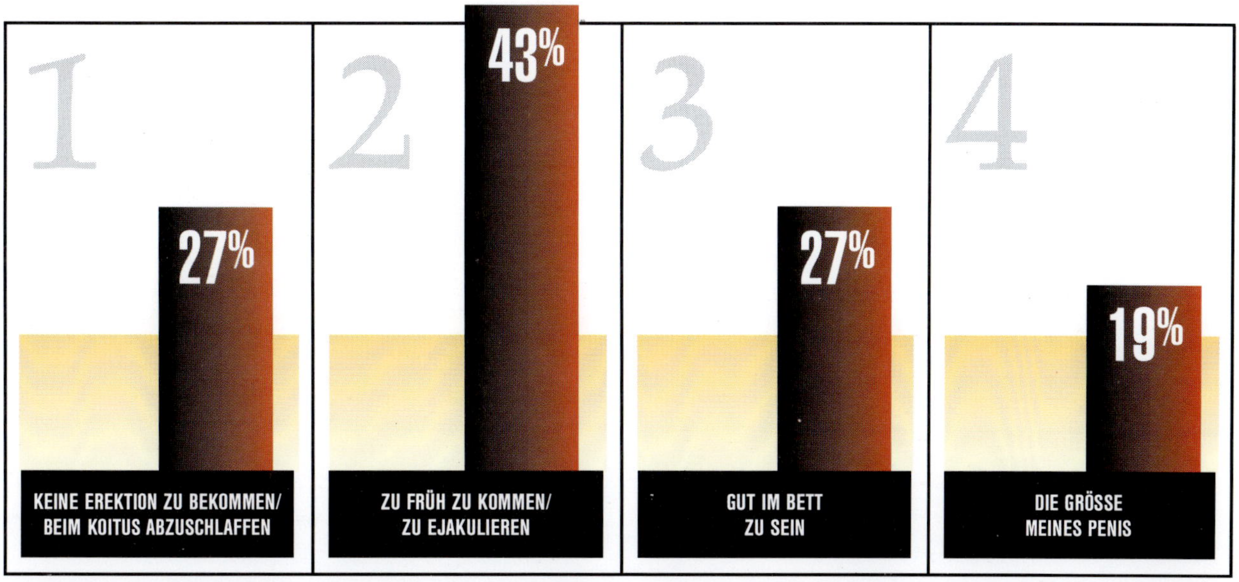

Fast ein Drittel der befragten Männer hat sich über eine ausbleibende oder unzuverlässige Erektion schon Sorgen gemacht und mehr als 40% über eine vorzeitige Ejakulation.

3

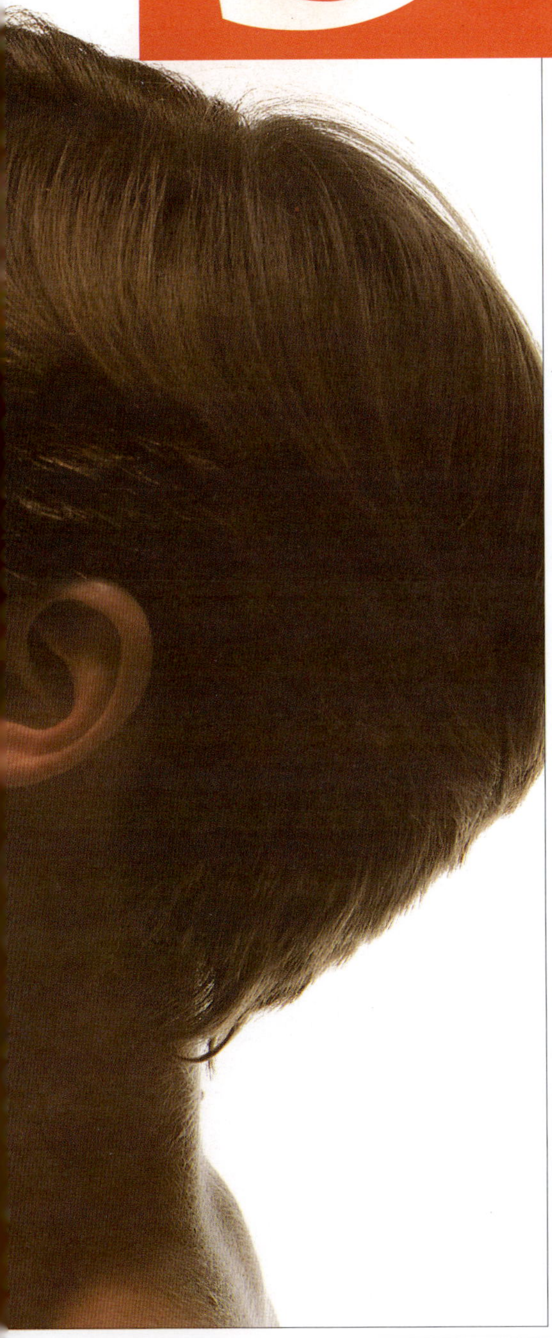

Sexuelle Hemmungen und wie man sie überwindet

Viele Männer und Frauen, die wir bei den Umfragen zur Vorbereitung dieses Buches interviewten, räumten ein, sexuelle Hemmungen zu haben. Das ist natürlich weiter nicht überraschend, da wir alle Hemmungen irgendwelcher Art haben. Eine der Grundaussagen der Psychologie ist ja, daß jeder Mensch eine Vielzahl unterschiedlichster Hemmungen aufweist – sexuelle und andere.

So gehen wir ab einem bestimmten Alter sehr vorsichtig (»gehemmt«) mit offenem Feuer um, weil wir Angst haben, uns zu verbrennen. Diese besondere Hemmung haben wir im wesentlichen aus zwei Gründen entwickelt:

- Schon als wir noch ganz klein waren, haben unsere Eltern oder älteren Geschwister unsere noch unbekümmerten Annäherungen an offenes Feuer bzw. heiße Gegenstände »gehemmt«, indem sie uns davon wegzogen oder uns eindringlich vor deren Gefährlichkeit warnten.
- Wenn wir töricht genug waren, trotz dieser Ermahnungen zu nahe an ein Feuer heranzugehen, merkten wir oft schnell, daß ihre Warnung nur allzu berechtigt war – wir verbrannten uns nämlich. (»Wer nicht hören will, muß fühlen!«) Die praktische Erfahrung wirkte nachhaltig hemmungsverstärkend: »Gebranntes Kind scheut das Feuer.«

Aber nun zu den sexuellen Hemmungen. In unseren westlichen Gesellschaften werden auch heute noch praktisch alle Kinder dazu erzogen, ihre Geschlechtsteile als tabu zu betrachten. Selbst die liberalsten Eltern üben einen starken Druck auf ihre Kinder aus, ihre Sexualorgane vor Fremden zu verbergen und sie nicht in der Öffentlichkeit zur Schau zu stellen.

In weniger liberal gesinnten Häusern sind die von den Eltern vermittelten Hemmungen sehr viel rigider und die Erziehungsmethoden drastischer. Es ist leider auch heute keine Seltenheit, daß Mütter oder Väter ihr kaum den Windeln entwachsenes Kind anschreien oder gar schlagen, wenn es seine Schamteile berührt. Diese elterlichen Reaktionen in Form von Gebrüll, Drohungen oder gar Schlägen sind für das Kind angsteinflößende Signale, die sich ihm für sein ganzes weiteres Leben einprägen. Denn dieses Gefühl, daß alles Sexuelle irgendwie furchtbar sein müsse – sonst wäre man ja nicht geschlagen oder angeschrien worden, wenn man sich »unkeusch berührte« –, wird es auch in späteren Jahren nie mehr ganz loslassen.

Zweifellos erzieht man die Kinder in den meisten westlichen Familien heute nicht mehr so repressiv. Dennoch wird Ihnen jeder bestätigen, der mit Kindern gearbeitet hat, daß ein Großteil von ihnen schon früh lernt, die unteren Teile des menschlichen Körpers für unanständig zu halten. So hat man als Arzt manchmal die allergrößten Schwierigkeiten, ein Kleinkind, das über Bauchschmerzen klagt, richtig zu untersuchen – weil seine Eltern ihm die Vorstellung eingehämmert haben, sein Unterleib sei »schmutzig«.

Diese frühkindliche Unterdrückung ist eine entscheidende Ursache sexueller Hemmungen.

Die Sexualorgane des Menschen befinden sich in unmittelbarer Nähe seiner Ausscheidungsorgane bzw. bilden eine Einheit mit ihnen. Es ist wirklich sehr bedauerlich, daß man beim Koitus dieselben Köperteile benützt wie beim Urinieren, denn das hat bei zahlreichen Männern und Frauen zu den fürchterlichsten Komplexen geführt.

Dabei ist, wie gesagt, Urin nicht einmal eine schmutzige Flüssigkeit! Wer nicht gerade Arzt oder Mikrobiologe ist, hat natürlich Schwierigkeiten, das zu glauben, aber es ist schlicht die Wahrheit. Urin ist vielleicht nicht der angenehmste Saft auf dieser Welt, aber er ist normalerweise keimfrei. Deshalb ist auch die seltsame Angewohnheit etwa mancher indischer Gurus, den eigenen Harn zu trinken, völlig unschädlich.

Es ist daher ziemlich irrational, daß so viele Menschen mit schrecklichen sexuellen Hemmungen groß werden, die auf der falschen Vorstellung beruhen, Urin »mache die Sexualorgane schmutzig«. Andererseits stimmt es natürlich, daß der After jedes Menschen schmutzig ist, denn der Stuhlgang enthält große Mengen von Keimen. Viele sind harmlos, manche können aber für die Gesundheit sehr gefährlich sein. Deshalb ist es auch völlig in Ordnung, wenn man einem Kind beibringt, sein Hinterteil als potentiell kontaminierte Körperregion zu betrachten – und sich nach deren Berührung die Hände zu waschen. Trotzdem sollte man die Kleinen nicht anschreien und ausschimpfen, wenn die sich mal geistesabwesend am Po kratzen oder vergessen, sich nach der Toilette ihre Patschhändchen zu waschen. Solche irrationalen elterlichen Sanktionen führen nämlich höchstwahrscheinlich zu Unterleibs-Komplexen.

gute Hemmungen
schlechte Hemmungen

So wie es gute nicht-sexuelle Hemmungen gibt – etwa die, die uns davon abhält, unsere Finger ins Feuer zu halten –, so gibt es auch gute sexuelle Hemmungen. Wer das nicht glauben will, sollte sich mal einen Moment überlegen, was passieren würde, wenn wir keinerlei sexuelle Hemmungen hätten.

Der Sexualtrieb ist bei den meisten Menschen natürlich eine sehr starke Antriebskraft, und der Geschlechtsakt selbst wird gemeinhin als höchst angenehm empfunden. Wenn wir also keine sexuellen Hemmungen hätten, würden wir wahrscheinlich alle morgens, abends, nachts und mitten auf der Straße mit jedem bzw. jeder zufällig vorbeikommenden Fremden von einigermaßen annehmbarem Äußeren schlafen wollen.

Ein paar Leser werden jetzt vielleicht sagen »Oh eine gute Idee ...«, aber in Wirklichkeit wäre das eine katastrophale Situation. Die Institution der Ehe würde über kurz oder lang völlig zusammenbrechen, viele Frauen wären ständig schwanger, ohne auch nur den Vater ihres Kindes zu kennen, und AIDS (dazu mehr auf S. 107/8) und andere sexuell übertragbare Krankheiten würden sich wie ein Buschfeuer ausbreiten. Es gibt zahlreiche Tierarten, die keinerlei sexuelle Hemmungen kennen und bei denen jedes Männchen mit jedem Weibchen kopulieren kann, das zufällig gerade

Werfen Sie Ihre Hemmungen über Bord – dann können Sie die Freuden Ihrer Beziehung ganz auskosten.

in Hitze ist. Aber wir Menschen brauchen doch einige Hemmungen, um nicht im Chaos zu versinken, auch wenn es bedauerlich ist, daß sich in allen Gesellschaften im Laufe der Jahrhunderte leider allzu viele sexuelle Hemmungen angesammelt haben, die uns in unserem Liebesleben ganz einfach blockieren und tief unglücklich machen können.

ALKOHOL und HEMMUNGEN

Auf der ganzen Welt nehmen Millionen von Menschen tagtäglich Alkohol zu sich, um ihre Hemmungen zu überwinden – sexuelle und andere. Er hat diese Wirkung, weil er den vorderen Teil unseres Hirns beeinflußt, der im wesentlichen für die Kontrolle unserer Hemmungen zuständig ist. Das vordere Großhirn ist vorsichtig, bedacht und rational – und hält uns von unverantwortlichem, unvernünftigem Handeln ab.

Alkohol dämpft die Funktionsfähigkeit dieses Gehirnteils, so daß wir weniger vorsichtig, bedacht und rational – und weniger gehemmt sind. Deshalb ist ein bißchen Alkohol auch ein so geeignetes Mittel, um Menschen zu lockern und zum Plaudern zu bringen, die sonst vielleicht zu zurückhaltend und verschlossen bleiben würden.

In kleinen Mengen genossen, kann Alkohol Ihrem Sexualleben also förderlich sein – aber nur in kleinen Mengen. Ein, zwei Gläschen Wein etwa dürften Ihnen helfen, Ihre schlimmsten Hemmungen über Bord zu werfen, so daß Sie mit Ihrem Partner bzw. Ihrer Partnerin eine richtig wilde Nacht erleben können.

Starker Alkoholgenuß kann aber verheerende enthemmende Auswirkungen auf das sexuelle Verhalten der Menschen haben. Sonst ganz respektable Leute lassen sich unter Alkoholeinfluß zu völlig verrückten Handlungen hinreißen – sie verführen etwa den Partner ihrer besten Freundin oder fangen mit einer wildfremden Frau eine leidenschaftliche Urlaubsromanze an. Alkoholmißbrauch kann manche Männer zudem zeitweilig impotent machen, so daß sie keine Erektion mehr bekommen.

Junge Leute sind für die enthemmende Wirkung von Alkohol besonders anfällig, vor allem wenn sie ihn nicht gewöhnt sind. So erhalte ich als Kummerkastenonkel immer wieder Briefe von 17- oder 18jährigen Mädchen, die von irgendeinem Mann, der sie »rumkriegen« wollte, mit allen möglichen Alkoholika regelrecht abgefüllt wurden – und die den Abend dann mit ihm im Bett und mit Sex beschlossen, dabei aber so betrunken waren, daß sie kein Kondom oder ein anderes empfängnisverhütendes Mittel benutzten, und nun Angst haben, HIV-positiv (vgl. S. 107/8) oder schwanger zu sein.

. . . und andere DROGEN

Alkohol ist bei uns eine legale, gesellschaftlich akzeptierte und leicht erhältliche Droge und daher unser gebräuchlichstes Rauschmittel. Es gibt jedoch viele andere Drogen, die ebenfalls zum Abbau sexueller Hemmungen genommen werden.

Einige der heute weit verbreiteten illegalen Drogen sind vor allem deshalb so beliebt, weil sie enthemmen und in der Konsequenz – manchmal – auch potenzsteigernd wirken (die Chance erhöhen, mehr »Nummern« zu machen). Vor allem Ecstasy (oder »E«), das in den letzten Jahren auch in Deutschland von Zehntausenden junger Menschen genommen wurde, hat eine massiv hemmungsdämpfende Wirkung. Deshalb wird es auch als »Tanzdroge« konsumiert, die einen die ganze Nacht glückselig herumhüpfen läßt. Ecstasy baut nicht nur sexuelle Hemmungen ab, sondern gibt auch ein starkes Gefühl von Wärme, körperlicher Sensibilität und Kommunikationsfähigkeit.

Das klingt eigentlich sehr angenehm. Aber das Problem bei praktisch jeder Art von Droge – einschließlich Ecstasy und Alkohol – besteht darin, daß man sehr bald eine größere Dosis benötigt, um denselben befreienden Effekt zu erzielen. Außerdem kann jede Droge, die Hemmungen abbaut, sehr ernste Nebenwirkungen haben. Sollten Sie nun daran denken, sich den Konsum von Heroin, Kokain oder irgendeiner ähnlichen Substanz zur Gewohnheit zu machen, um Ihre sexuellen Hemmungen, aus welchem Grund auch immer, auszulöschen, dann muß ich Sie gleich daran erinnern, daß Sie damit nicht nur illegal handeln würden (wenigstens in den meisten Ländern), sondern auch Ihre Gesundheit ernstlich gefährden und sich unweigerlich viele zusätzliche Probleme einhandeln. Auf den folgenden Seiten zeige ich Ihnen daher einige bessere, unschädliche Wege auf, die zum Abbau sexueller und sozialer Hemmungen führen und bei denen Sie auch nicht Gefahr laufen, irgendwann einmal mit der Justiz Bekanntschaft zu machen.

Angst vor Kontakten

Alle Kummerkastentanten bekommen körbeweise Briefe von Männern und Frauen, die entsetzlich schüchtern sind und fürchterliche Angst vor Kontakten mit dem anderen Geschlecht haben. Viele sind so gehemmt, daß sie tatsächlich keine Aussicht haben, überhaupt noch einmal mit irgend jemandem auszugehen – geschweige denn, sexuelle Beziehungen einzugehen, zu heiraten und Kinder zu bekommen –, wenn sie nicht endlich etwas daran ändern, versteht sich.

Warum sind diese Leute denn so gehemmt? Das ist im Einzelfall schwer zu sagen – aber immerhin: Viele von ihnen kommen aus Familien, in denen Sexualität tabu war, wo die sexuelle Anziehung zwischen Männern und Frauen als »nicht gut« galt und wo sie – das ist sehr wichtig – als Kinder oft von autoritären Erwachsenen massiv unterdrückt wurden.

FALLGESCHICHTE

Als Kummerkastentante bei einer Fernsehanstalt erhielt meine Frau eines Tages Post von Laura, einer schüchternen Frau Anfang zwanzig. Laura schrieb, sie habe noch nie einem Mann in die Augen sehen können, jede Unterhaltung mit einem männlichen Wesen sei eine Qual für sie. Sie hatte (und das ist typisch) eine strenge Mutter gehabt, die ihr das Gefühl vermittelte, jeder Mann sei eine Bedrohung und Sexualität etwas Schreckliches, das sie zu fürchten habe (jetzt und für alle Zeiten!).

Trotzdem sehnte sich Laura nach einem Mann, nach Romantik und Liebe – und Sex. Aber sie war wie gelähmt und unfähig, auch nur den kleinsten Schritt in Richtung auf das Ziel ihrer Wünsche zu machen.

Die Lösung. **Meine Frau vermittelte Laura den Kontakt zu einer Organisation, die ein Selbstsicherheitstraining für Frauen anbietet – vor allem in Form von Rollenspielen, Gruppenarbeit und teilnehmender Beobachtung. Sie riet ihr auch, sich »Anti-Schüchternheit«-Audiokassetten zu**

Männer wie Frauen können unter Hemmungen leiden, die ein erfülltes Liebesleben unmöglich machen.

besorgen, ein manchmal recht nützliches, unterstützendes Medium zum Abbau ausgeprägter Scheu.

Zwei Monate später war Laura nicht nur fähig, einem Mann in die Augen zu sehen, sondern auch, ihm ein Rendezvous zu geben. Noch im selben Jahr ging sie einige recht gelungene sexuelle Beziehungen ein und hat inzwischen sogar einen Mann kennengelernt, den sie heiraten möchte.

Die Geschichte von Lauras Heilung zeigt, wie man mit lähmenden Hemmungen umgehen sollte. Sie müssen sich Ihren Ängsten stellen, anstatt vor ihnen davonzulaufen. Damit das gelingt, brauchen Sie aber meist auch Hilfe und Unterstützung von anderen.

Hemmungen sich auszuziehen

Wie schon im vorigen Kapitel erwähnt, haben viele Menschen eine große Scheu, vor jemand anderem die Kleider abzulegen, und es gibt zahlreiche Frauen und Männer, die ihre/n Partner/in noch nie nackt gesehen haben, was jammerschade ist!

Diese Hemmung geht zum Teil ebenfalls auf frühkindliche Konditionierung zurück. Erst vor kurzem hörte ich noch, wie eine Dreijährige das ganze Haus zusammenschrie, bloß weil sie nicht wollte, daß ihre Großmutter sie ohne Kleider sähe. Kinder, die in nudistischen Familien aufwachsen, sind in diesem Punkt meist erfrischend ungehemmt.

Hinzu kommt, daß viele Menschen sich ihrer körperlichen Mängel – oder dessen, was sie dafür halten – schämen.

So gibt es zahlreiche Männer, die sich nur ungern nackt zeigen, weil sie etwas beleibt sind. Und viele Frauen haben schreckliche Angst, daß einer sie hüllenlos sehen könnte, weil sie Hängebrüste oder Pickel am Po haben (was ja sehr weit verbreitet ist).

So eine Angst, sich vor dem anderen auszuziehen, kann Ihrem Sexualleben ernsthaft schaden – vor allem, wenn diese Hemmung Ihre/n Partner/in zu irritieren beginnt. Um das zu ändern, sollten Sie das Problem ganz direkt angehen, wie die folgende Fallgeschichte zeigt.

FALLGESCHICHTE

Joanna war ein hübsches Mädchen und bei Jungen sehr beliebt. Trotzdem ging jede sexuelle Beziehung, auf die sie sich einließ, schief – aus einem einzigen, sehr einfachen Grund.

Sie war zwar gern bereit, mit einem Mann zu schlafen, den sie mochte, ließ ihn aber nie und unter keinen Umständen ihre Brüste sehen. Sie bestand darauf, ihren Busen immer bedeckt zu lassen, und trug selbst beim Koitus einen Büstenhalter.

Es kam, was kommen mußte: Die Männer ließen sie, einer nach dem anderen, einfach sitzen. Sie waren, bei aller Zuneigung, nicht an einem Mädchen interessiert, das nie seine Brüste zeigen wollte. Diese lange Serie von Körben machte Joanna ganz depressiv, und sie begann jede Hoffnung auf Heirat und eine eigene Familie aufzugeben.

Die Lösung. **Eines Abends sprach Joanna mit einer Freundin über ihr Problem. Nach einer Weile fragte die: »Könnte dein Komplex deiner Meinung nach etwas damit zu tun haben, daß deine Mutter an Brustkrebs starb, als du noch klein warst?« Das war es. Joanna erinnerte sich nun, wie sie im Alter von drei Jahren erfahren hatte, daß der tragische Tod der Mutter irgendwie mit deren Brustproblemen zusammenhing. Die Brustängste, die diese Episode damals in ihr weckte, hatten sie all die Jahre begleitet, ohne daß sie sich dessen bewußt gewesen wäre.**

Sie sprach die Angelegenheit in den folgenden Wochen mit ihrer Freundin immer wieder durch und begriff allmählich, daß ihre Brüste statt Quellen der Furcht auch Objekte der Lust und der Bewunderung sein konnten.

Schließlich konnte sie es sogar zulassen, daß der Mann ihres Lebens ihre Brüste ansah, küßte und liebkoste, ohne daß sie das geringste Unbehagen verspürte.

Angst das Licht anzulassen

Es gibt nicht wenige Leute, die nur mit jemandem schlafen können, wenn das Licht aus ist. Das dürfte aber für den sehr unbefriedigend sein, der dabei gern auch das Gesicht oder den Körper des/der Geliebten sehen würde.

FALLGESCHICHTE

Bill war schon älter und seit vielen Jahren geschieden. Er lernte eine neue Frau kennen, verliebte sich in sie und wollte sie heiraten, da er sich sein Leben plötzlich nicht mehr ohne sie vorstellen konnte (oder wollte). Seine Partnerin war wirklich sehr munter im Bett, und die beiden genossen es sehr, miteinander zu schlafen. Daß er aber immer – und zwar mit einer Entschiedenheit, die keinen Widerspruch duldete – darauf bestand, das Licht auszumachen, wenn es ernst wurde, verwirrte und verletzte sie. Sie überlegte sich, ob ihm irgend etwas an ihrem Äußeren mißfalle.

Die Lösung. **Schließlich brachte sie Bill dazu, die Sache mit ihr zu besprechen. Widerstrebend erzählte er, seine erste Frau habe ihn einmal mit der Bemerkung tief gekränkt, er sehe »beim Orgasmus albern« aus. Seit jener Zeit fürchte er nun, eine lächerliche Figur zu machen, wenn er das Licht anlasse – und wer möchte schon gern ein Sex-Hampelmann sein?**

Seine neue Freundin beruhigte ihn und beteuerte, daß sie ihn bestimmt nicht komisch finden und, ganz im Gegenteil, nur zu gern sehen würde, wie er komme. Im Verlauf einiger Wochen brachte sie ihn dazu, es einmal mit romantischem Kerzenschein im Schlafzimmer zu versuchen. Als nächstes ließen sie dann ein Lämpchen mit einer schwachen, farbigen Birne neben dem Bett brennen – und schließlich wurde Bill selbst durch die volle Deckenbeleuchtung nicht mehr in seiner Lust beeinträchtigt. Er war geheilt.

Wenn die Hemmungen überwunden sind, können beide ihre Sexualität unbeschwert genießen.

Sexualorgane und Berührungsängste

Diese Berührungssperren sind erstaunlich weit verbreitet. Es gibt beispielsweise viele Männer, denen es äußerst schwer fällt, die Vagina oder Klitoris ihrer Partnerin anzufassen. Natürlich wird ein Mann, der an diesem Komplex leidet, nicht gerade ein traumhafter Liebhaber werden.

Auch diese Blockaden gehen auf die frühe Anerziehung von Ekelgefühlen gegenüber bestimmten Körperteilen zurück. Außerdem sind Männer, die vor der Berührung der Vagina zurückscheuen, oft mit der Vorstellung groß geworden, man müsse sich vor Frauen und den weiblichen Geschlechtsteilen irgendwie fürchten. Daß einem das Unbekannte Angst einflößt, ist ja eine häufige Tatsache, aber auch in diesem Fall ist Abhilfe möglich.

FALLGESCHICHTE

Sarah war 24 und mit Tony verheiratet, der unter vorzeitiger Ejakulation litt. Er ging in ein sexualtherapeutisches Zentrum und ließ sich dort die einfache Drucktechnik erklären, die Sarah anwenden sollte, um ihm zu helfen.

Unglücklicherweise war Sarah – wie einige andere Frauen auch – »einfach nicht fähig«, den Penis eines Mannes anzufassen. Da steckten die beiden also ganz schön in der Klemme! Es schien keine Möglichkeit zu geben, Tony von seiner vorzeitigen Ejakulation zu heilen – es sei denn, er fände eine andere Partnerin, die ihm diesen speziellen Griff angedeihen ließe.

Die Lösung. **Tony überredete Sarah schließlich zu einem gemeinsamen Besuch des Therapiezentrums. Dort hatte Sarah ein mehrstündiges Beratungsgespräch mit einer einfühlsamen Ärztin, in dessen Verlauf sie die Irrationalität ihrer Penisangst erkannte. Ganz allmählich freundete sie sich mit dem Gedanken an, das bislang gefürchtete oder verabscheute Organ zu berühren – und begann diese Vorstellung bald sogar zu genießen.**

Einige Monate später konnte sie schon recht vergnügt mit Tonys Glied spielen. Sie war nun auch in der Lage, diese Drucktechnik anzuwenden und ihn so von seiner vorzeitigen Ejakulation heilen zu helfen.

Sexualorgane und Benennungsängste

Für ein gutes Sexualleben kommt es vor allem darauf an, daß Mann und Frau miteinander über ihre erotischen Vorlieben und Abneigungen sprechen können. Vielen Paaren fällt es jedoch schwer, sich im Bett zu verständigen und einander ihre Wünsche mitzuteilen, weil sie sozusagen sprachlos sind.

Das liegt daran – so überraschend es auch klingen mag –, daß sie einfach die Wörter, die ihre Geschlechtsteile bezeichnen, nicht über die Lippen bringen. Es herrscht in unserer Gesellschaft ja immer noch Konsens, daß man die »unanständigen Sachen« nicht beim Namen nennen sollte. So ist es nicht ungewöhnlich, daß sich die Schlafzimmerunterhaltung eines Paares auf verlegenes Gemurmel etwa der folgenden Art beschränkt:

»Soll ich deinen ... äh ... äh ... reiben?«

»Drück doch bitte nicht so fest auf mein ... äh ... Dings!«

Diese Probleme sind das Ergebnis des repressiven Klimas von vor 50 Jahren, als man bei uns Wörter wie »Penis«, »Vagina« und »Klitoris« in keiner Zeitung oder Zeitschrift drucken durfte. Kaum zu glauben, aber wahr: Diese Begriffe tauchten auch in vielen Wörterbüchern nicht auf. Daher wuchsen die meisten Menschen mit einem sehr begrenzten sexuellen Wortschatz auf. Die wenigen Wörter, die sie kannten, lassen sich in drei Kategorien einteilen:

1 *»Babywörter«*, die ihre Eltern (oft widerwillig) benutzt hatten und die sehr häufig für jeden, der nicht zum engeren Verwandtenkreis gehörte, unverständlich waren, weil sie nur innerhalb der Familie weitergegeben wurden.

2 *»Gassen-Ausdrücke«*, die man von Klassenkameraden unter der Hand lernte. Wer sich aber von einem Lehrer oder den Eltern beim Gebrauch dieser »häßlichen, gemeinen und vulgären« Wörter ertappen ließ, mußte mit einer Bestrafung rechnen.

3 *Medizinische Fachausdrücke*, die aus dem Lateinischen oder Griechischen abgeleitet sind. Leider sind diese »korrekten« Bezeichnungen auch heute noch nicht Allgemeingut. Viele Leute sprechen sie zudem hoffnungslos falsch aus (daß sie sich dessen bewußt sind, macht die Sache nur noch peinlicher).

Was für eine verkorkste Situation! Es gibt zwar einen Wandel zum Besseren hin, weil unsere Gesellschaft offener und ihre Sprache freier geworden ist; aber noch immer leiden viele unter fürchterlichen Ängsten, wenn sie »diese Körperteile« benennen sollen, wie die folgende Geschichte zeigt.

FALLGESCHICHTE

Andrea war 29, und ihr Sexualleben mit ihrem Mann Peter war ein einziges Kuddelmuddel – vor allem, weil sie beide viel zu sprachgehemmt waren, um sich im Bett verständigen zu können.

Andrea, die fast nie einen Orgasmus hatte, weil sie nicht die üppige klitorale Stimulation bekam, die sie brauchte, um das große »Ah« zu erreichen, hätte nur zu gern ihren Mann gebeten, ihr mal richtig die Klitoris zu streicheln und zu lecken. Aber sie hatte das Wort KLITORIS nur ein einziges Mal gedruckt gesehen, und es war ihr furchtbar peinlich, daß sie nicht wußte, wie man es aussprach.

Bei Peter sah es fast genauso schlimm aus. Er kam immer viel zu früh, weil Andrea mit der Vagina zu zucken anfing, sobald er erregt wurde – mit dem Ergebnis, daß er es gleich nicht mehr halten konnte. Aber er konnte ihr einfach nicht sagen, das doch mal zu lassen, weil ihm für die Vagina nur der Name »Fu-Fu« geläufig war (ein lokal üblicher Ausdruck) – und er sich albern vorgekommen wäre, ihn zu benutzen, aber auch nicht wußte, was er sonst dazu sagen sollte.

Die Lösung. **Glücklicherweise erfuhr Andrea durch eine Freundin von einem Seminar zur Änderung sexueller Einstellungen, wie sie ja heute vielerorts angeboten werden. Dort fände sie zu größerer sexueller Freiheit, versprach ihr die Freundin, und so schleppte Andrea an einem Wochenende ihren Peter mit dorthin.**

Die beiden kamen dann in eine Gruppe mit etwa 20 anderen Teilnehmern, die schon seit einiger Zeit dabei waren, sich von ihren sexuellen Komplexen zu befreien. Die Seminarleiterin setzte verschiedene hemmungsabbauende Methoden ein, wobei die folgende sich für Peter und Andrea als besonders geeignet erwies:

Sie stellte sich an die Wandtafel und forderte die Anwesenden auf, laut und deutlich alle unanständigen Wörter zu nennen, die sie kannten. Sie schrieb alle diese Begriffe an die Tafel, und dann diskutierten sie gemeinsam und sehr ausführlich deren jeweilige Bedeutung.

Diese dreistündige Schocktherapie erweiterte nicht nur den Wortschatz von Peter und Andrea ganz enorm, sondern ließ auch ihre Hemmungen gegenüber dem Gebrauch sexueller Begriffe dahinschmelzen wie Schnee in der Frühlingssonne.

Hemmungen zu masturbieren

Die Masturbation ist möglicherweise bei mehr Menschen mit Komplexen befrachtet als jeder andere sexuelle Bereich. Jedenfalls ist meine Kummerkasten-Post voll mit Briefen von Männern und Frauen, die wegen ihrem »Wichsen«, wie es vulgär heißt, die ungeheuerlichsten Schuldgefühle haben.

Das kommt wirklich nicht überraschend, denn vor nicht allzu langer Zeit haben die Erwachsenen den Jugendlichen noch erzählt, vom Onanieren bekäme man schlechte Augen oder behaarte Handflächen. Während eines Großteils unseres Jahrhunderts galt Masturbation als »geheimes Laster« oder Selbstbefleckung.

Erst nachdem in den 1960ern die »permissive Gesellschaft« die Szene betreten hatte, war es überhaupt erlaubt, schwarz auf weiß zu behaupten, daß praktisch alle Männer irgendwann in ihrem Leben einmal masturbieren. Ich erinnere mich, daß ich Ende der 70er Jahre in einem Artikel schrieb, das treffe in etwa auch für Frauen zu. Meine Bemerkung löste einen wahren Proteststurm bei meinen Lesern – vor allem den männlichen – aus, die es als eine Ungeheuerlichkeit bezeichneten, daß ein Arzt zu unterstellen wage, auch Frauen würden dieser »fiesen und gefährlichen Gewohnheit« frönen. Aber inzwischen sieht man das wohl etwas gelassener und gehören folgende Tatsachen zum Allgemeinwissen:

- Masturbation (bei Männern wie bei Frauen) ist völlig harmlos – ja, mehr noch, sie kann sogar das Sexualleben eines Paares verbessern.
- Die allermeisten Männer und Frauen haben irgendwann einmal die Freuden der Masturbation genossen oder sich selbst sexuell berührt.
- Viele Männer und Frauen masturbieren ihr ganzes Leben lang.

- Masturbation ist häufig Teil des gemeinsamen Liebesspiels.
- So praktiziert, kann Masturbation oft für beide befreiend sein.

FALLGESCHICHTE

Gail war 18 und noch Jungfrau. Sie hatte gerade einen wirklich netten Burschen kennengelernt, mit dem sie sich auch eine langfristige Beziehung wünschte. Er drängte sie, mit ihm zu einer Sexualberatungsstelle zu gehen, um sich Verhütungsmittel zu besorgen, damit sie so bald wie möglich miteinander schlafen könnten.

Aber Gail verhielt sich seltsam abwehrend. Sie fand ständig neue Gründe, nicht dorthin zu gehen, und machte Bemerkungen wie »Ich hab' eigentlich keine Lust, mich ärztlich untersuchen zu lassen«.

Endlich konnte ihr Freund sie zu einer Erklärung bewegen. Dabei kam heraus, daß sie schon seit Jahren bis zum Orgasmus masturbierte und nun befürchtete, der untersuchende Arzt würde das feststellen und ihr deswegen Vorwürfe machen.

Die Lösung. **Der Freund beruhigte sie und fand die Vorstellung, daß sie onaniere, sehr aufregend. Sie ging dann schließlich doch zur Beratung. Dort erfuhr sie von einer freundlichen Ärztin die inzwischen bewiesene Tatsache, daß masturbationserfahrene Frauen eher als andere ein befriedigendes Sexualleben haben. Gail hörte auf der Stelle auf, sich Sorgen zu machen.**

Angst vor oralem Sex

Bevor wir uns mit dieser Art Hemmung beschäftigen, sollten wir uns darüber verständigen, daß oraler Sex nicht jedermanns Geschmack ist – und wenn ein Paar nichts davon hält, sehe ich auch keinen Grund, warum es seine Meinung ändern sollte.

Es gibt aber inzwischen eine wachsende Zahl von Männern und Frauen, die es lieben, die Geschlechtsteile ihres

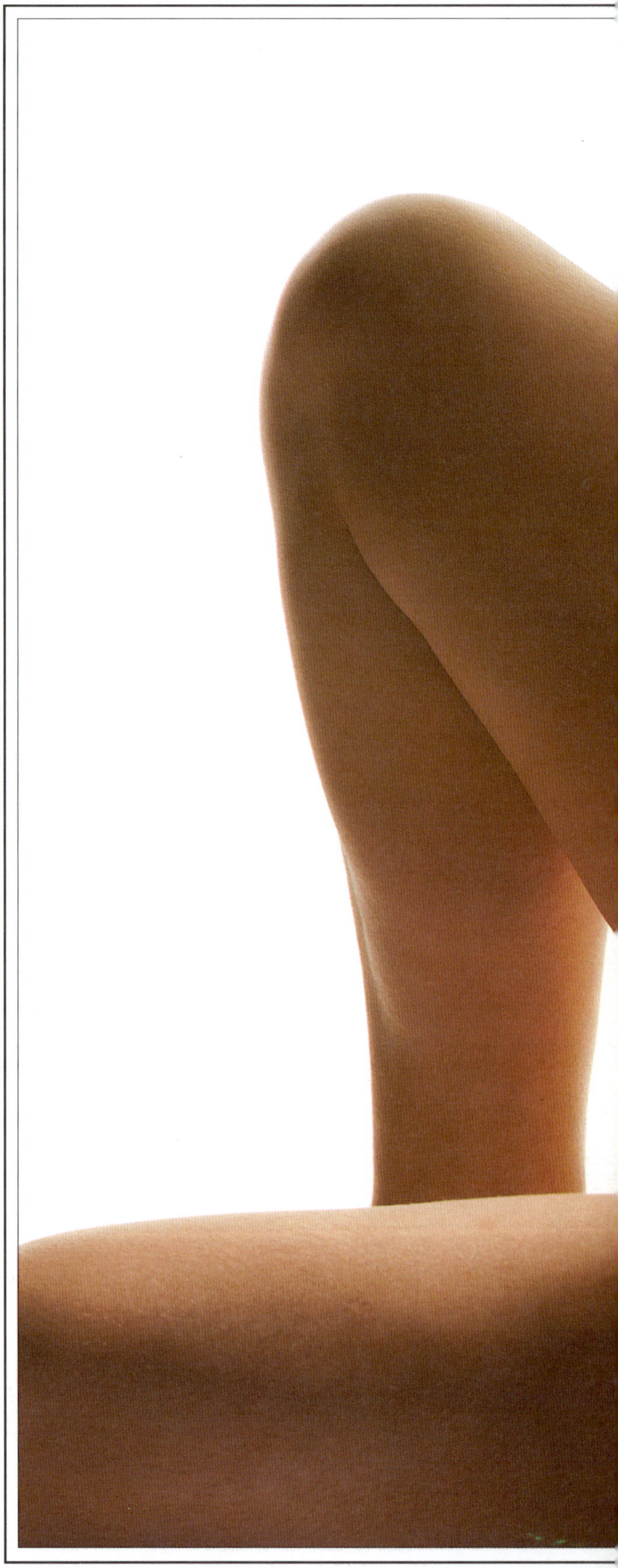

Gekonntes Masturbieren ist ein Schlüssel zu einem erfüllten und befriedigenden Sexualleben.

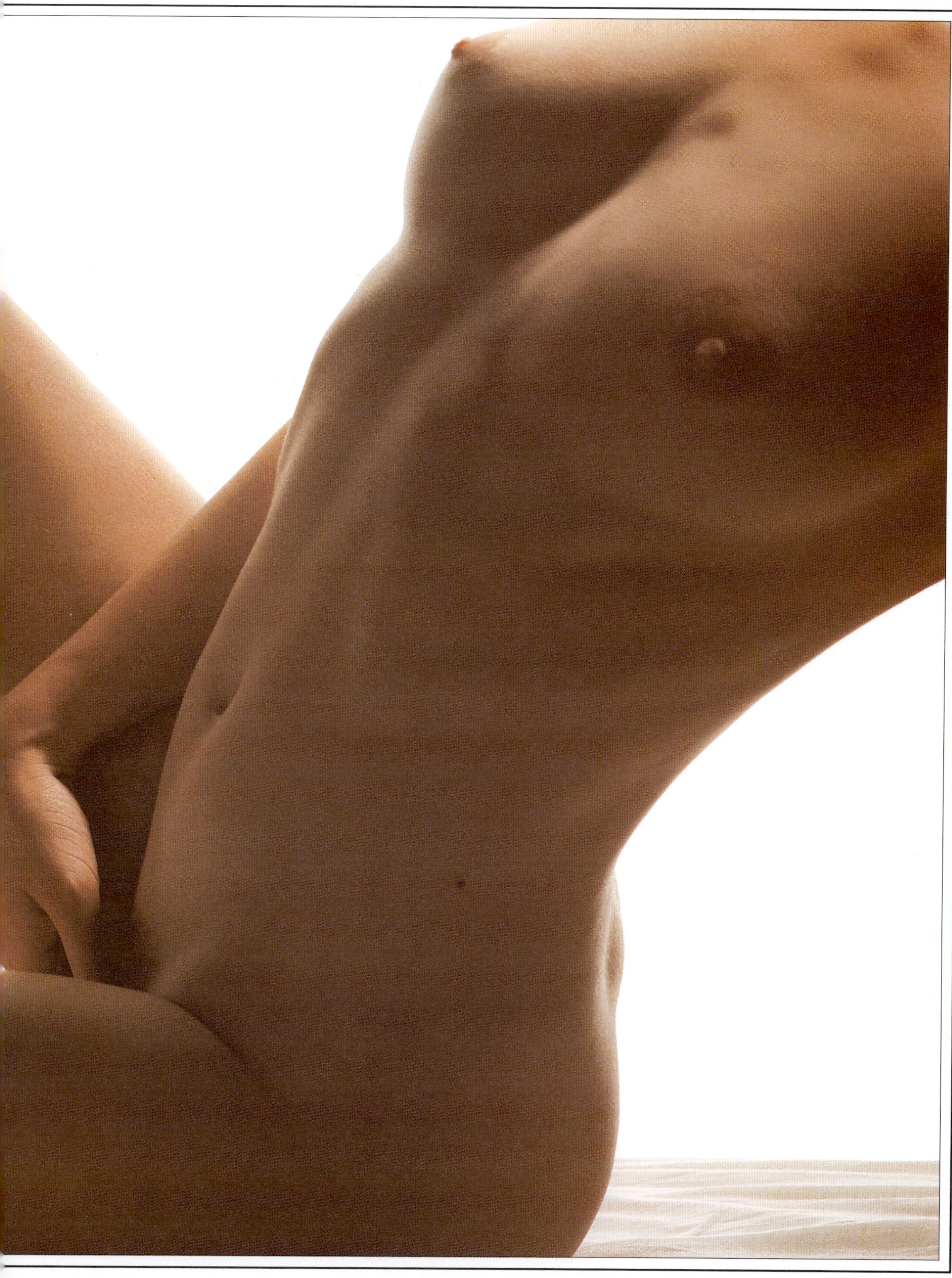

Partners mit dem Mund zu stimulieren. Zu Problemen kann es kommen, wenn etwa eine Frau, die in einer früheren Beziehung durch Oralverkehr große Befriedigung fand, sich mit einem Mann einläßt, der sich weigert, ihr seinerseits dieses Vergnügen zu verschaffen. Seine Gründe mögen auf unangenehme Erfahrungen oder einfach auf Vorurteile zurückgehen. Aber: In so einem Fall wäre der Mann gut beraten, wenn er seine Hemmungen zu überwinden versuchte.

Nun gibt es zwei Arten von Hemmungen bei oralem Sex: die Hemmung, ihn zu empfangen, und die Hemmung, ihn zu geben.

Hemmungen ihn zu empfangen

Ein Mann kann sich gehemmt fühlen, seine Genitalien küssen und oder daran saugen zu lassen, weil er Angst hat, seine Partnerin würde ihn in den Penis beißen. Eine Frau fürchtet sich eventuell davor, ihre Vulva küssen oder daran saugen zu lassen, weil sie »da unten« vielleicht nicht so gut riechen oder nicht so schön aussehen könnte.

Und beide, Mann und Frau, könnten sich gehemmt fühlen, oral stimuliert zu werden, weil sie Angst haben, ihrem Partner ins Gesicht zu pupen – in der Tat eine peinliche Vorstellung!

Hemmungen ihn zu geben

Frauen kann dabei die Sorge hemmen, am Penis quasi zu ersticken, oder die Abneigung, die sie gegenüber Aussehen und Geschmack der Samenflüssigkeit empfinden. Männer können einen Widerwillen gegen aktiven Oralsex haben, weil sie die Vagina fürchten oder mit deren exotischem Geruch und Geschmack nicht zurechtkommen.

Wenn einer von beiden irgendwelche Hemmung dieser Art spürt, sollten sie die Sache gemeinsam durchsprechen und ihre Gefühle zu dem gesamten Komplex offenlegen, wie unser folgendes Beispiel zeigt.

FALLGESCHICHTE

Ian und Elaine waren beide geschieden und schon in den Fünzigern, als sie sich kennenlernten. Sie verliebten sich ineinander, zogen bald darauf zusammen und hatten die meiste Zeit auch großen Spaß im Bett.

Aber es gab da ein kleines Problem, das durchaus das Zeug hatte, sich zu einem großen auszuwachsen. Ian hatte von seinen früheren Freundinnen immer oralen Sex bekommen und war nun verstört und verletzt, als Elaine sich weigerte, desgleichen zu tun. Er glaubte, er sei ihr vielleicht nicht sauber genug, und wusch sich daher vor jeder sexuellen Begegnung ganze Ewigkeiten lang – umsonst.

Die Lösung. **Sie setzten sich zusammen und sprachen sehr ausführlich darüber. Elaine erzählte, ihr früherer Mann habe ihr oralen Sex aufgezwungen, und sie wolle nun einfach nicht mehr an dieses traumatische Erlebnis erinnert werden. Aber sie sei gern bereit, alle anderen hübschen Dinge im Bett für Ian zu tun.**

Nach dieser Eröffnung konnte Ian sich eingestehen, daß er selbst oralen Sex zwar immer als »Teil des Service« verstanden, aber letztlich nie besonders genossen hatte. Wenn er sich's recht überlege, könne er das genausogut lassen. Und so verzichteten sie bei ihrem Liebesspiel von da an auf oralen Sex.

wie Hemmungen abgebaut wurden

Um die Jahrhundertwende war die Welt der Sexualität noch von einem dichten Nebel der Repression und Gehemmtheit bedeckt. Der österreichische Psychoanalytiker Sigmund Freud (1856–1939) erkannte als erster, wie sehr sexuelle Hemmungen damals das Leben der Menschen beeinträchtigten und lähmten. In den folgenden Jahren begannen die Männer und Frauen die Zwänge über Bord zu werfen, die auf allem lasteten, was man – privat oder öffentlich – dachte, sagte oder tat.

Nach Meinung der meisten Soziologen trifft die volkstümliche Ansicht zumindest teilweise zu, wonach sich die Hemmungen der Menschen in den 1920ern (als das Leben nach dem Ersten Weltkrieg ungezwungener wurde) und in

Mit wachsender Reife und Erfahrung verlieren viele ihre sexuellen Hemmungen.

den 1960ern (dem Jahrzehnt der permissiven Gesellschaft) eindeutig verringert hätten. Die Antibabypille und viele andere gesellschaftliche Faktoren haben wesentlich zur Befreiung der Gesellschaft beigetragen. Dennoch gibt es immer noch viele Frauen und Männer, deren Sexualleben nicht so befriedigend ist, wie es sein könnte, weil sie noch viele unnötige Hemmungen mit sich herumschleppen.

wie Hemmungen mit dem Alter verschwinden

Nach Meinung vieler junger Leute sind ältere Menschen sexuell gehemmt. In dieser allgemeinen Form ist das blanker Unsinn. (Es stimmt zwar, daß eine in den 1930ern geborene Frau, aufgrund ihrer Erziehung, eher als ein etwa 1975 geborenes Mädchen im Bett Hemmungen haben könnte – das muß aber beileibe nicht immer so sein.) Im allgemeinen wird man mit wachsendem Alter nicht sexuell gehemmter. Tatsächlich ist oft das Gegenteil der Fall.

Beim Älterwerden sollte der Mensch reifer werden, d.h. seinen Erfahrungshorizont weiten und ein tieferes Verständnis des Lebens entwickeln. Genau das passiert in vielen Fällen auch. Ich habe als Arzt viele kennengelernt, die in ihren Zwanzigern unter Sexualängsten gelitten hatten und sehr viel entspannter und freier wurden, als sie in die Vierziger kamen.

Das gilt vor allem für Frauen, denen es als Teenager häufig schwer fällt, sich einfach hinzulegen und »sich gehen« zu lassen – die aber dann oft in reiferen Jahren Orgasmen haben, als wenn es kein Morgen mehr gäbe! Denken Sie also daran, daß niemand mit seinen Hemmungen verheiratet ist und man sie sehr wohl loswerden kann.

HEMMUNGEN ABBAUEN

Die Fallgeschichten in diesem Kapitel haben einige der Möglichkeiten aufgezeigt, Hemmungen zu überwinden. Aber bevor Sie (oder Ihr Partner) Ihre persönlichen Probleme angehen können, müssen Sie erst einmal deren Existenz zugeben und deren Ursachen zu erkennen versuchen.

Als nächstes sollten Sie dann klären, ob Sie sich überhaupt von dieser oder jener Hemmung befreien müssen. Um nur ein Beispiel zu nennen: Wenn Ihr Liebhaber oder Ihre Liebhaberin etwas von Ihnen verlangt, was Ihnen sehr widerstrebt, dann müssen Sie nicht unbedingt nachgeben. Vielleicht ist diese Hemmung ja gut für Sie! Das müssen Sie selbst herausfinden und entscheiden.

Ein klärendes Gespräch ist fast immer der beste Ausgangspunkt, wenn man sich daran macht, ein sexuelles Problem zu lösen. Im allgemeinen sollten Sie zuallererst mit dem anderen offen darüber reden. Es kann aber auch hilfreich sein, mit guten Freunden oder Verwandten zu sprechen, denen Sie vertrauen.

Möglicherweise werden Sie auch feststellen, daß eine professionelle Beratung notwendig wäre, etwa durch ein Familien- oder Sexualzentrum, einen Arzt, Psychologen, Ehe- bzw. Jugendberater oder Sexualtherapeuten (ob nun Mann oder Frau). Gehen Sie ruhig davon aus, daß auch diese Leute ihre Hemmungen haben – daß sie aber höchstwahrscheinlich schon vielen anderen geholfen haben, ähnliche Schwierigkeiten zu überwinden.

Was immer Sie tun – bleiben Sie offen und überstürzen Sie nichts. Vielleicht können Sie schon nach wenigen Monaten um einiges entspannter mit Ihren Hemmungen umgehen, vielleicht dauert es aber auch sehr viel länger.

Gehen Sie schrittweise vor! Sexuelle Hemmungen geht man am besten sehr, sehr langsam an – und teilt sie, wenn möglich, in kleinere Teilprobleme auf.

Ein klassischer Fall für dieses »Stufenverfahren« wäre ein Mann, der es nicht erträgt, von irgend jemandem nackt gesehen zu werden – und sei es von seiner langjährigen Liebhaberin. Es würde ihm sehr schwer fallen, seine Hemmung dergestalt anzugehen, daß er sich einfach die Kleider vom Leibe reißt – ein möglicherweise hochtraumatisches Erlebnis für ihn!

Aber stellen wir uns vor, daß er seiner Partnerin erst mal nur seine Zehen zeigt und dabei feststellt: Ach, das ist ja gar nicht schlimm. Tags darauf führt er ihr den ganzen Fuß vor, einen Tag später die Knöchel – und so fort, sehr stufenweise, zugegeben.

Ratschläge gegen gehemmte Beziehungen

Sie könnten die folgenden fünf (einfachen) Dinge tun, wenn Ihre Beziehung sehr unter sexuellen Hemmungen leidet – und Sie das ändern wollen:

1 Gönnen Sie sich das Vergnügen, einmal in behaglich warmer, sinnlicher Umgebung (etwa im Bett oder in der Badewanne) ungestört und entspannt sexuellen Gedanken nachzuhängen und dabei sanft zu masturbieren.

2 Auch wenn das vielleicht nicht leicht wird: Bringen Sie Ihren Partner (ob weiblich oder männlich) dazu, Ihnen dabei zuzusehen.

3 Dann ermuntern Sie Ihre/n Geliebte/n, Sie in der von Ihnen vorgeführten, als bequem und angenehm empfundenen Weise zu befriedigen.

4 Bitten Sie ihn/sie, nun selbst vor Ihnen zu masturbieren – und dabei die für ihn/sie angenehmsten Bewegungen und Techniken vorzuführen.

5 Wenden Sie nun genau diese Bewegungen und Techniken bei Ihrem Partner bzw. Ihrer Partnerin an und lassen Sie sich dabei ständig führen: »Sag mir, wie es dir am besten gefällt!«

Der Erfolg wird sich vielleicht erst nach vielen Wochen oder gar Monaten zeigen. Aber Geduld – eine gute sexuelle Beziehung wird eben nicht an einem Tag aufgebaut.

Hinweis: Wir haben in diesem Kapitel zwar betont, daß man ernste Hemmungen stufenweise kurieren sollte, möchten aber auch erwähnen, daß manche Psychologen schwere Phobien mit einer Art Schocktherapie behandeln. Dem liegt die Vorstellung zugrunde, daß ein Mensch durch die unvermittelte und totale Konfrontation mit einer angstauslösenden Situation sein Trauma sehr schnell überwinden und so (mit etwas Glück) Heilung finden kann. Diese Technik ist aber sehr riskant und sollte nur unter fachlich kompetenter Anleitung angewandt werden.

F *Wie würden Sie sich selbst einstufen? Als . . .*

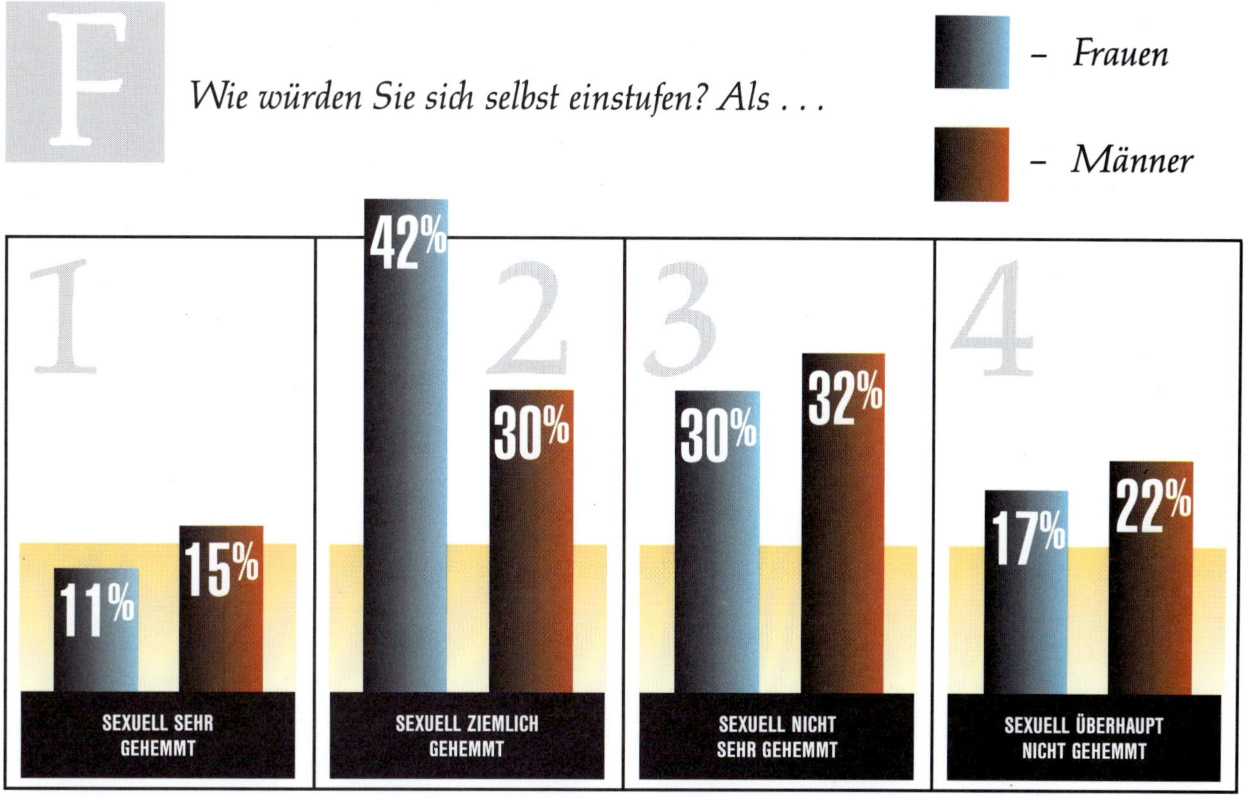

- 45% der Männer und 53% der Frauen stufen sich als sexuell sehr oder ziemlich gehemmt ein.

F *Welcher der folgenden Faktoren hilft Ihnen, sich im Bett weniger gehemmt zu fühlen?*

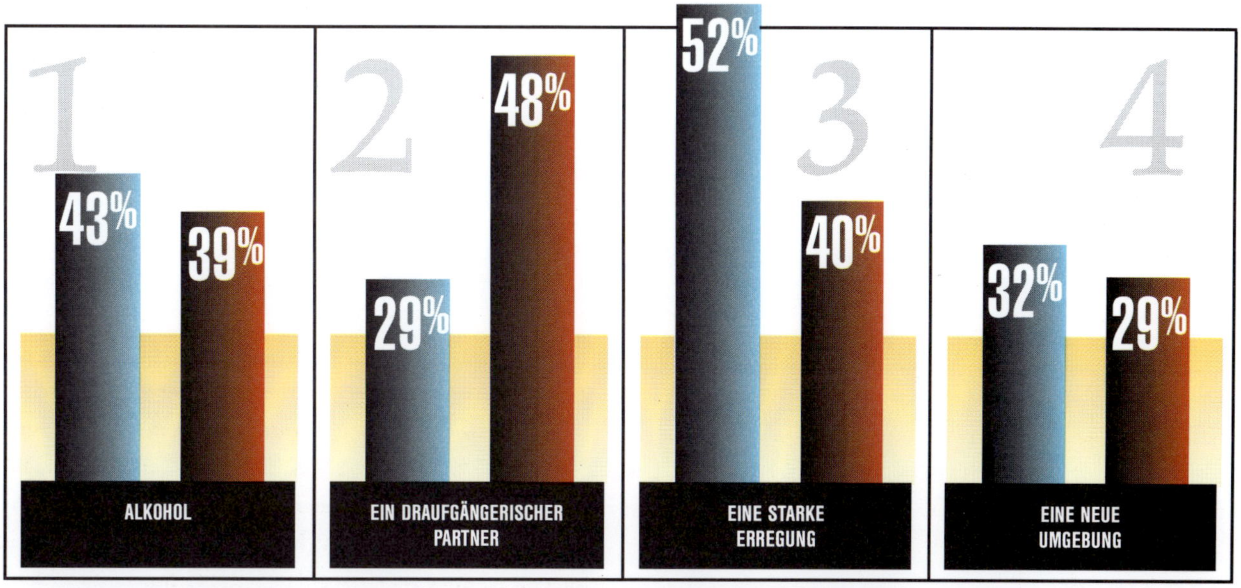

- Auf fast ein Drittel der Frauen und Männer wirkt ein Szenenwechsel befreiend, hemmungslösend.

4

Sexuelle Leistung

Für die Gesellschaft von heute ist die sexuelle Leistung sowohl von Männern wie von Frauen sicherlich ein zentrales Thema. Nicht umsonst konfrontiert man bei Talk-Shows die verflossenen Liebhaber/innen von Stars und Starlets mit lüsternen Fragen zu deren Potenz und versuchen manche Zeitungen ihre Leser immer wieder mit lächerlichen Schlagzeilen zu ködern, die etwa so lauten:

SIE KAM SECHSMAL PRO NACHT, SAGT BIMBO!
EX-LIEBHABER BEHAUPTET: FERNSEHSTAR WAR »UNERSÄTTLICH«.
FUSSBALLSTAR WAR EIN SCHLAPPMANN, VERRÄT PORNOKÖNIGIN.

Dieser leistungsorientierte Sexualschwachsinn – wer im Bett die meisten »Nummern« macht, ist der King bzw. die Queen – hat zwar für das wirkliche Leben und eine gute Sexualbeziehung keinerlei Bedeutung. Trotzdem stufen immer noch manche Leute die eigene und fremde Sexualität nach irgendwelchen törichten Kriterienlisten ein und meinen, ob jemand als gute/r Liebhaber/in gelten könne, hänge etwa von folgenden Gesichtspunkten ab:

bei Männern:

- Wie schnell einer eine Erektion bekommt.
- Wie groß sein Penis ist.
- Wie lang einer die Erektion halten kann.
- Wie tief einer reinkommt.
- Wie fest einer stoßen kann.
- Und am wichtigsten: Wie oft einer es pro Nacht bringen kann!

bei Frauen:

- Sind Sie allzeit »bereit«?
- Sind Sie ein »As im Bett« (was immer das im einzelnen bedeutet)?
- Werden Sie feucht zwischen den Beinen, sobald Ihnen ein Mann Avancen macht?
- Kommen Sie genau zur selben Zeit wie Ihr Partner zum Höhepunkt?
- Haben Sie multiple Orgasmen – mehrere kurz nacheinander?
- Können Sie ihm so richtig »einen abrubbeln«?
- Können Sie ihm auch perfekt »einen blasen«?
- Schreien und stöhnen Sie im Bett und betteln Sie ständig um mehr?

Wir sind uns hoffentlich darin einig, daß solche sexuellen Standards für Frauen und Männer einfach lächerlich sind! Man könnte das Ganze natürlich auch als einen harmlosen Spaß abtun, wenn diese heutige, leistungsbesessene Einstellung nicht ganz eindeutig negative Folgen mit sich brächte.

Viele Männer und Frauen halten sich nämlich für sehr unzulängliche Liebhaber/innen, weil sie diesen angeblich allgemeinverbindlichen Standards nicht genügen können.

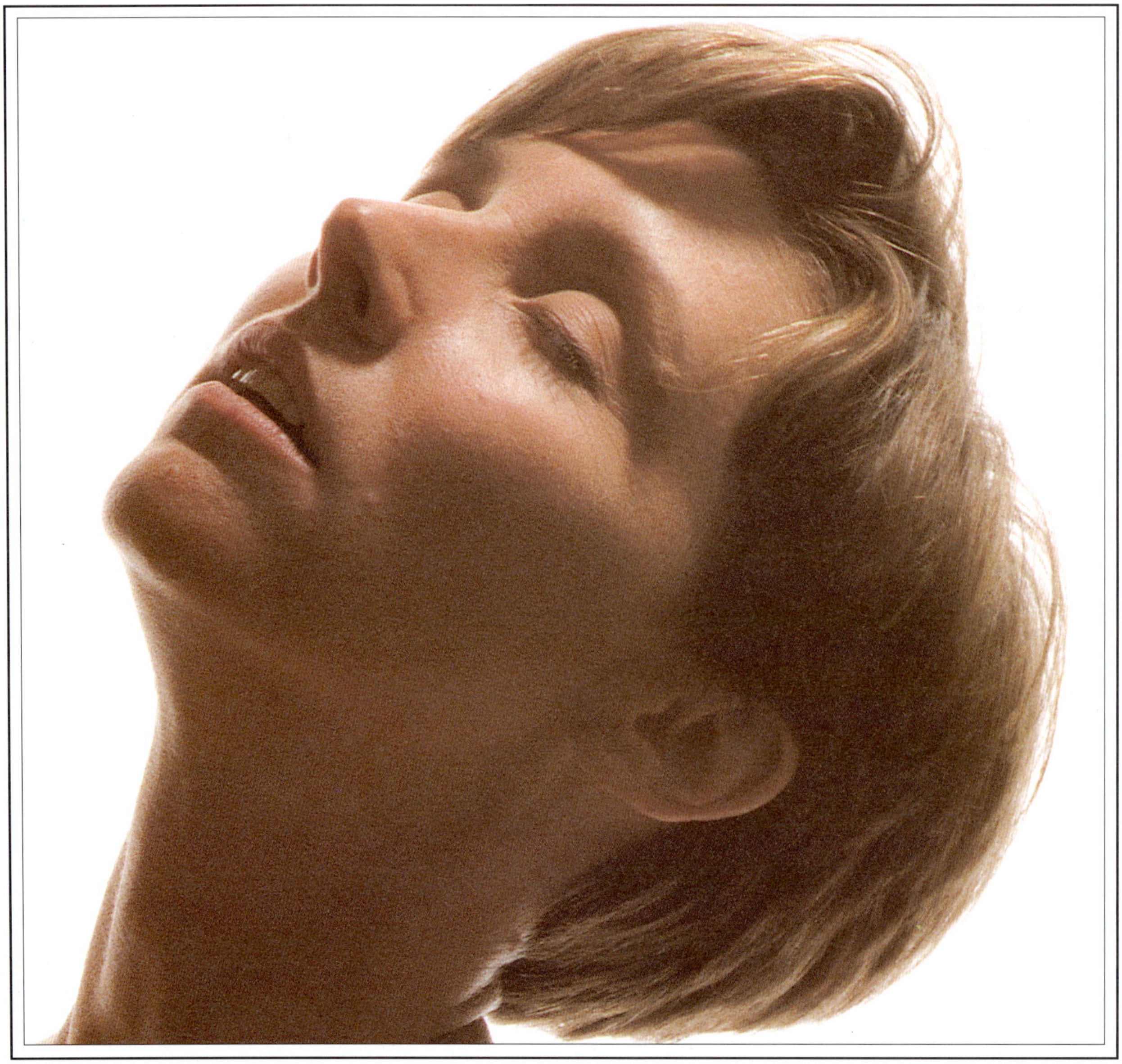

Eine Frau sollte ihr Sexualleben ganz einfach genießen und sich nicht unter Leistungsdruck setzen.

Fröhlich, zärtlich und gleichberechtigt soll es im Bett zugehen – und nicht leistungsorientiert.

Nicht wenige Männer sind über ihr Sexualleben deprimiert und unglücklich, weil sie wissen, daß sie an die Bettleistungen fiktiver Helden wie James Bond nie heranreichen werden. Und desgleichen gibt es zahlreiche Frauen, die keinerlei Vertrauen in die eigene Sexualität mehr haben, weil sie mit den Mätzchen der Heldinnen erotischer Romane nicht mithalten können.

Ihre Sexualität ist für die meisten Leute ein hochsensibles Thema, und was sie in bezug auf andere Lebensbereiche als bloße Phantasterei abtun würden, nehmen sie hier nur allzuoft für bare Münze.

Die Wahrheit in puncto sexueller Leistung sieht oft ganz anders aus, als viele Zeitgenossen meinen, obwohl es natürlich bestimmte Niveaus sexueller Fähigkeiten gibt, die ein Mann oder eine Frau in ihren verschiedenen Lebensaltern mit Recht zu »erreichen« hoffen darf. Entscheidend ist aber, daß man sich dabei nicht an diesen populären, so häufig beschriebenen Sexstandards orientiert, die weitgehend ins Reich der Märchen und Mythen gehören.

Was in der Sexualität viel mehr zählt, ist die Erfahrung von Zärtlichkeit und Geborgenheit, Wärme, Liebe, Partnerschaft und unbeschwerter Fröhlichkeit.

MANN und LEISTUNGSDRUCK

Daß Männer unter einem so enormen sexuellen Leistungsdruck stehen, daran sind sie weitgehend selbst schuld (nicht die Frauen). Warum? Unter anderem deshalb, weil sie den Großteil der Leserschaft jener allzeit populären erotischen Romane und halb-pornographischen Magazine stellen.

Die in diesen Publikationen dargestellte männliche Leistung bzw. Sexualität ist meilenweit von jeder Wirklichkeit entfernt. Das dürfte auch jedem intelligenten Mann im Prinzip klar sein (diese Literatur ist schließlich zum »Aufgeilen« da). Trotzdem läßt diese Lektüre bei einigen Männern aber so etwas wie einen Stachel zurück: das bohrende Gefühl nämlich, in den eigenen sexuellen Leistungen nicht hinter den dort geschilderten Phantasien zurückbleiben zu dürfen.

Letztlich kommt es aber gar nicht darauf an, aus welcher Quelle diese Mythen ungeheurer Männlichkeit nun im einzelnen stammen. Der springende Punkt ist, daß ein mit diesem Unsinn konfrontierter Mann leicht das Gefühl bekommen kann, er habe noch viel aufzuholen. Wenn er »nur« einmal pro Nacht – und das vielleicht bloß mit Mühe – mit einer Frau schlafen kann, ist er nur allzu geneigt, an seiner Männlichkeit zu zweifeln. Aber da liegt er völlig falsch, und er sollte sich besser mit der statistischen Realität männlichen Sexuallebens in den verschiedenen Altersstufen vertraut machen (Seite 78/9).

Aber es stimmt auch, daß die Männer schon immer unter beträchtlichem erotischem Leistungsdruck gestanden haben. Dies einfach deshalb, weil die Frauen ja ohne eigenes Zutun »Geschlechtsverkehr haben können« – ein Mann hingegen nicht. Für einen richtigen Koitus muß er eben erigieren können, und das ist nicht immer leicht.

In den vergangenen Jahren hat sich aufgrund gänzlich neuer weiblicher Erwartungen dieser Druck auf die Männer noch erhöht. Noch vor einer Generation hegten die meisten Frauen wohl ausgesprochen bescheidene sexuelle Ansprüche. Sie hatten sich eben mit der Tatsache abgefunden, daß Sex nicht immer schön ist. Heute aber – und das mit Recht – möchte auch die durchschnittliche Frau, daß ihr

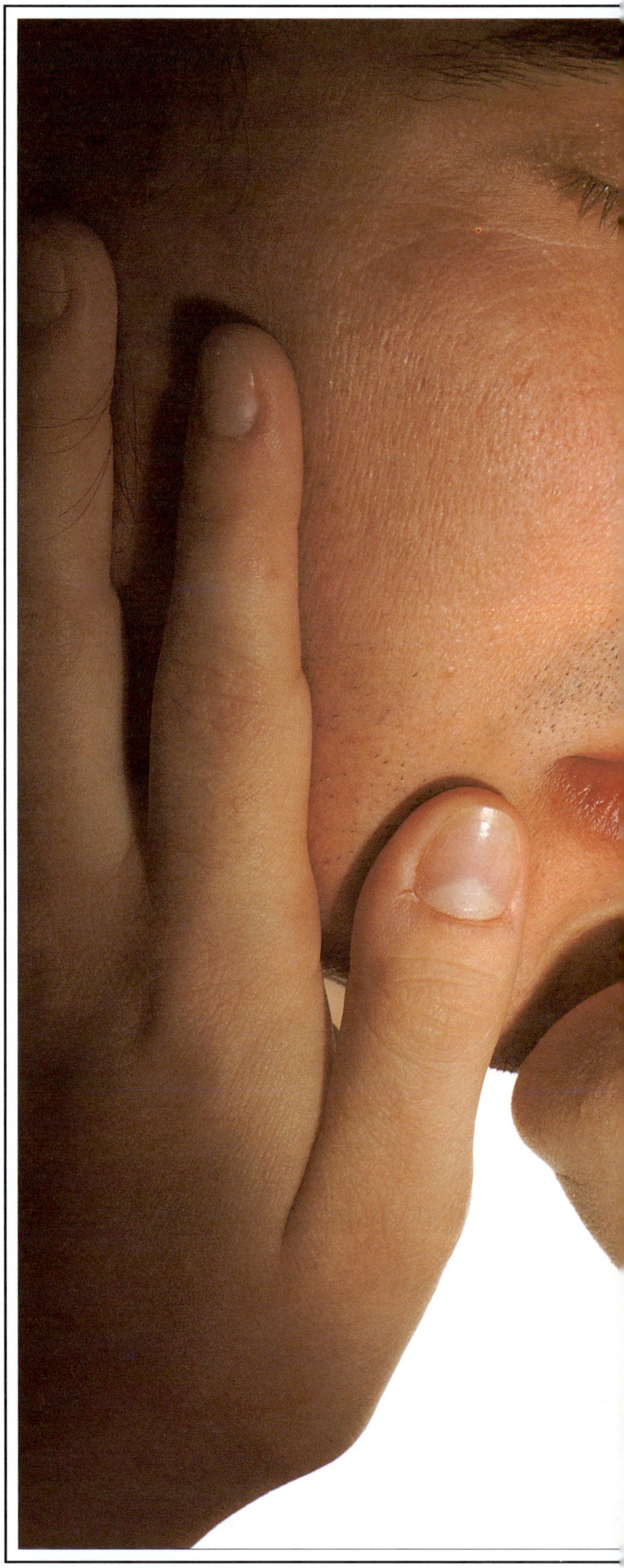

Heute erwarten die Frauen ein sehr viel ausgiebigeres Liebesspiel als früher.

Partner gut im Bett ist. Sie erwartet legitimerweise, daß er sie zärtlich und rücksichtsvoll behandelt, sich ausreichend Zeit für das Vorspiel nimmt und ihr hilft, zum Orgasmus zu gelangen.

Nicht alle Männer kommen mit diesen gestiegenen weiblichen Erwartungen zurecht. So berichten inzwischen Sexualexperten über eine ansehnliche Zahl von jungen Klienten, die in ihre Beratungsstellen kommen, weil sie sich die größten Sorgen machen, für ihre Freundin oder Verlobte einfach »nicht gut genug« zu sein.

Das veranschaulicht, wie wichtig es ist, daß die moderne Frau versucht, ihren Partner zu ermutigen, ihm ein Gefühl der Sicherheit zu geben und keinen übertriebenen Leistungsdruck auf ihn auszuüben. Den bekommt er nämlich schon zur Genüge von den Medien zu spüren – und höchstwahrscheinlich von seinen Freunden.

FRAU und LEISTUNGSDRUCK

Aber auch die Frauen sind in den letzten Jahren in puncto sexueller Leistungsfähigkeit unter wachsenden Druck geraten. Die sexuelle Erwartung, der die meisten Ehefrauen zu genügen hatten, bestand, soweit man zurückdenken kann, lediglich darin, daß sie einmal die Woche, an einem genau festgelegten Tag, ihren Mann empfingen. Aber das hat sich inzwischen gründlich geändert: Heute ist allgemeiner Konsens, daß eine Frau ebenso ein Recht auf ein erfülltes Sexualleben hat wie ein Mann.

Interessanterweise geht nun dieser Druck nur zu einem sehr geringen Teil von den Frauen selbst aus. Obwohl sie natürlich manchmal mit Freundinnen ihr Sexleben und ihre Beziehungen besprechen, geht ihnen jenes Wettbewerbsdenken ab, das bei Männern allgegenwärtig ist, die ja immer geneigt sind, mit ihren sexuellen Leistungen zu prahlen. Das gut funktionierende Sexualleben einer Frau freut auch ihre Freundinnen, läßt sie höchstens manchmal ein bißchen eifersüchtig werden. Nein, der Druck auf die Frauen hat im wesentlichen zwei Quellen: die Medien und die Männer.

Die Medien. Die Frauenmagazine haben bei der Aufklärung der Frauen über ihren Körper und ihre Sexualität sicherlich eine wichtige Rolle gespielt. Sie wecken mitunter aber auch leicht unrealistische Erwartungen, vor allem

wenn sie ihren Leserinnen suggerieren, alle Frauen führten ein wundervolles Sexualleben – warum dann nicht auch Sie, liebe Leserin?

Vielleicht noch bedeutsamer in diesem Zusammenhang sind die romantischen/leicht erotischen Trivialromane, die von so vielen Frauen gelesen werden: Deren Heldinnen sind fast immer gut im Bett und haben keinerlei Schwierigkeiten, auf die amourösen Avancen des jeweiligen Helden oder Schurken einzugehen. Es gibt nur wenige moderne Liebesromane, in denen die weibliche Hauptfigur sich mit Orgasmusproblemen herumzuschlagen hätte.

Sogar noch unrealistischer sind die erotischen, halbpornographischen Magazine und Bücher, die manche Männer nach Hause bringen und sehr oft dann mit ihrer Partnerin zusammen ansehen wollen. Diese Publikationen vermitteln ein von Grund auf lächerliches Bild männlicher Sexualität – mit pulsierenden Schwänzen, die auf jeder Seite 15mal abspritzen – und eine genauso absurde Vorstellung von weiblicher Sexualität.

In diesen Büchern und Magazinen sind alle Frauen »sexhungrig« und »geil auf Aktion«. Sie haben einen Höhepunkt nach dem anderen und pfeifen auf Vorspiel, Zärtlichkeit oder Liebe, weil sie anscheinend weder das eine noch das andere brauchen. Alles, was diese fiktiven Frauen wirklich wollen, sind ganze Serien von Penissen, die in sie hineinstoßen, hineinstoßen, hineinstoßen – und dazu nicht enden wollende Runden von gnadenlosem oralem Sex mit ganzen Regimentern unersättlicher Männer sowie ab und zu einen Schuß Lesbos und Sadomasochismus.

Natürlich sind die wirklichen Frauen ganz anders als diese Hochglanzartistinnen. Aber auch wenn ihnen klar ist, daß diese fiktiven Geschlechtsgenossinnen bewußt männliche Phantasien ausagieren und anstacheln, bleibt ihnen vielleicht das ungute Gefühl, sie seien längst nicht so gute Liebhaberinnen, wie sie es sein sollten.

Männer. Es gibt verschiedene Weisen, in denen Männer auf Frauen Druck ausüben können – etwa mit aggressiven oder gefühllosen Bemerkungen wie diesen:

- »Wenn du mich wirklich lieb hättest, würdest du das für mich tun.«
- »Meine frühere Freundin war da um einiges fixer!«

Frauen sollten sich im Bett nicht unter Druck setzen lassen – gute Liebhaber sind rücksichtsvoll.

- »Hast du's immer noch nicht gehabt?«
- »Du bist die erste, die sich darüber beklagt, Liebling!«
- »Warum brauchst du bloß immer so ein langes Vorspiel?«
- »Du fühlst dich so trocken an – bist du in den Wechseljahren?«

Man muß aus Fairneß gegenüber den Männern sagen, daß diese Bemerkungen meist nicht wirklich bös gemeint sind, sondern eher der Gedankenlosigkeit und Ignoranz entspringen. Als Frau sollten Sie zu berücksichtigen versuchen, daß Männer – vor allem wenn sie jung sind – oft unglaublich naive oder falsche Vorstellungen von weiblicher Sexualität haben. Insbesondere können sie häufig nur schwer begreifen, daß eine Frau eben nicht so einfach und aus dem Stand sexuell reagieren kann, wie einem Mann das normalerweise möglich ist.

realistische und andere Erwartungen: Männer

Nun wollen wir einmal Mythos und Realität vergleichen. Der weit verbreitete und anscheinend unausrottbare Mythos über den Mann besagt, daß er einen Penis habe, der, wie der amerikanische Fachmann Dr. Bernhard Zilbergeld es ausdrückt, »60 Zentimeter lang, hart wie Stahl und die ganze Nacht in Aktion« ist. In Wirklichkeit aber ist dieser Penis ein sehr weiches anatomisches Gebilde, das nur einen kleinen Teil seiner Existenz in einigermaßen festem Zustand verbringt.

Wenn man Erwartungen und Realität in puncto männlicher Sexualität miteinander vergleicht, ist es ganz nützlich, sich verschiedene Einzelaspekte, wie Erektion, Orgasmus, Ejakulation und Geschick als Liebhaber, anzusehen.

Erektion

Mythos. **Ein Mann sollte in der Lage sein, einen Ständer zu bekommen, wann immer er will, und ihn, wenn nötig, Tag und Nacht stehen zu lassen. Damit einer als wirklich »männlicher« Mann gelten kann, muß seine Erektion außerdem so steil sein, daß der Penis seinen Bauch berührt.**

FAKT Die meisten jüngeren Männer können tatsächlich fast immer erigieren. Wenn sie aber nervös sind – zum Beispiel bei einer neuen Partnerin –, kann ihnen das oft auch sehr schwer fallen.

Aber wenn ein Mann älter wird, darf er wirklich nicht erwarten, weiterhin im Handumdrehen und jederzeit eine Erektion zuwege zu bringen. Die meisten Männer bleiben zwar bis über das 70. Lebensjahr hinaus potent, die Zahl ihrer täglichen Erektionen nimmt im Laufe der Zeit jedoch langsam, aber kontinuierlich ab.

Den Mythos, wonach ein Penis bei jeder Erektion senkrecht zu stehen habe, hat die Wissenschaft schon vor langem zerstört. Dr. Alfred Kinsey – Autor des Buches *Das sexuelle Verhalten des Mannes* (1948), des sogenannten Kinsey-Reports – fand, daß nur bei 8–10% der Männer »der Penis annähernd vertikal erigiert und den Bauch mehr oder weniger stark berührt«. Er ergänzt: »Die für alle Altersgruppen errechnete Durchschnittsposition liegt nur geringfügig über der Horizontalen.«

Orgasmus

Mythos. **Ein richtiger Mann sollte immer und immer wieder kommen können; der Zahl seiner Orgasmen während einer Liebesnacht sind keine Grenzen gesetzt.**

FAKT Kinsey fand auch heraus, daß solche Mehrfachorgasmen überhaupt nur bei Jugendlichen unter 15 Jahren möglich sind (wobei nur 20% von ihnen tatsächlich dazu fähig sind).

Die meisten erwachsenen Männer haben, außer bei extremster sexueller Erregung, nicht mehr als einen Orgasmus pro Stunde. Dies einfach deshalb, weil die männlichen

ALTER	DURCHSCHNITTLICHE ORGASMUSZAHL	ALTER	DURCHSCHNITTLICHE ORGASMUSZAHL
15	4	40	2
20	3	45	2,1
25	2,9	50	2
30	2,5	55	1,5
35	2,1	60	1

Die Tabelle zeigt die durchschnittliche wöchentliche Orgasmuszahl bei Männern verschiedenen Alters.

Sexualorgane nach einem Höhepunkt beträchtliche Zeit brauchen, um sich wieder zu regenerieren.

In der Praxis ist demnach die Zahl der Orgasmen, die ein sexuell aktiver Mann überhaupt haben kann, weitaus geringer, als man nach der Lektüre erotischer Romane mit ihren supermännlichen Helden erwarten würde.

Ejakulation

Mythos. **In pornographischen Büchern treten oft Männer auf, die beim Ejakulieren wahre Sturzbäche von sich geben. Auch die Werbematerialien einiger Porno-Videos, die heute überall offen zum Verkauf angeboten werden, halten diesen Mythos am Leben. (»Der heldenhafte Krieger pumpt fast einen Achtelliter Samenflüssigkeit aus sich heraus, während sechs schöne Frauen um das Privileg kämpfen, all diese Herrlichkeit auflecken zu dürfen.«)**

FAKT Wie schon erwähnt, produziert Otto Normalverbraucher pro Orgasmus nicht mehr als einen Teelöffel voll Samenflüssigkeit. Lassen Sie sich also nicht ins Bockshorn jagen!

der große Liebhaber

Mythos. **Heutzutage soll jeder ein großer Sex-Experte sein. Die Romanhelden sind es allesamt und immer – obwohl sie seltsamerweise kaum je die Zeit für ein Vorspiel aufbringen. Diese literarischen Helden scheinen die Frauen problemlos zu stürmischen und multiplen Orgasmen führen zu können.**

FAKT Im wirklichen Leben bekommen nur wenige Frauen allein davon einen Orgasmus, daß ihnen ein Mann seinen Penis fest in die Vagina stößt. Für die allermeisten von ihnen braucht es dazu sehr viel mehr: Behutsamkeit, Aufmerksamkeit – und ein ausgiebiges Vorspiel.

In der täglichen Praxis erweisen sich die wenigsten Männer als große Experten in Sexualtechniken. Aber jede Frau kann durchaus und mit Recht von ihrem Liebhaber erwarten, daß er versucht, sich zumindest ein wenig Geschick anzueignen und ein paar Zärtlichkeiten und Variationen des Liebesspiels zu lernen, die ihr Lust bereiten.

realistische und andere Erwartungen: Frauen

Vergleichen wir nun den Mythos Frau mit der weiblichen Realität. Hier sind vor allem vier unterschiedliche Aspekte interessant: sexuelles Verlangen, Feuchtwerden, Orgasmus und Geschick als Liebhaberin.

sexuelles Verlangen

Mythos. **Das Märchen, das viele Männer, aber auch einige Frauen, mit Stumpf und Stiel geschluckt haben, geht so: Frauen sind sexgierige, unersättliche Geschöpfe, die darauf brennen, in jedem nur denkbaren Moment einen Penis in sich zu spüren.**

FAKT Wahr ist, daß manche Frauen sich manchmal genau wie diese vor-Lust-halb-wahnsinnigen Romanheldinnen verhalten. Aber die Frauen insgesamt sind nirgendwo auch nur annähernd so sexbesessen, wie es der männliche Mythos gern hätte. Ganz im Gegensatz zu Männern neigen sie nicht dazu, jede Stunde ein paar dutzendmal an Sex zu denken.

Im praktischen Leben darf man von einer Frau sehr wohl erwarten, daß sie ein nicht unerhebliches Interesse an Sex zeigt – wennn ihr danach ist. Aber die Männer sollten nie vergessen, daß den Frauen nicht immer und überall nach Sex zumute ist.

Noch ein letzter Punkt zu diesem Thema: Sie können von Ihrer Partnerin wirklich nicht erwarten, viel Lust auf Sex an den Tag zu legen, wenn Sie als der Mann nicht bereit sind, ein gutes Quantum Zeit und Energie aufzubringen, um ihr das Gefühl zu geben, begehrt, geschätzt und geliebt zu sein.

Feuchtwerden

Mythos. **Männer denken nur zu gern, Frauen seien »allzeit feucht und bereit«. Die Heldinnen mancher Romane verströmen solche Mengen von Liebessäften, daß es schon fast wie ein Wunder anmutet, wenn ihre Liebhaber in diesen Flutwellen nicht elendiglich ertrinken.**

FAKT Die Vorstellung, Frauen seien »allzeit feucht und bereit«, ist genauso lächerlich wie jene, die Männer seien »immer steif und bereit«. (Das Feuchtwerden ist, wie wir gesehen haben, im Grunde das weibliche Gegenstück zur Erektion des Penis.)

Bei den meisten Frauen ist die Vagina normalerweise recht trocken. Auch bei zunehmender sexueller Erregung dauert es im allgemeinen einige Minuten, bis ihre Scheide nennenswert feucht ist. Daher auch mein Rat an die Männer:

- Nichts überstürzen!
- »Romantik macht feucht« – nehmen Sie sich daher Zeit fürs Vorspiel und streicheln Sie Ihre Partnerin gut, bevor Sie in sie einzudringen versuchen.
- Es könnte sich durchaus lohnen, ein bißchen Geld in eines der ausgezeichneten vaginalen Gleitmittel zu investieren, die heute in den meisten Drogerien erhältlich sind. Vergessen Sie dabei nicht, daß die eine oder andere Frau vielleicht gekränkt sein könnte, wenn Sie die Vorzüge künstlicher Scheidenfeuchte zu preisen beginnen – wählen Sie also Ihre Worte mit Zartgefühl und Bedacht.

Noch zwei wichtige Bemerkungen, die in diesen Zusammenhang gehören:

- Nach den Wechseljahren haben viele Frauen eine recht trockene Scheide und werden eventuell auch bei starker sexueller Erregung nur sehr zögernd feucht. Wenn die oben erwähnten Scheidengleitmittel versagen, ist es normalerweise das beste, einen Arzt zu konsultieren, um zu klären, ob die Benutzung einer vaginalen Hormoncreme angeraten wäre. Diese Version hormoneller Substitutionstherapie ist sehr wirksam – birgt aber das kleine Risiko, daß der Mann über den Penis ein paar Hormone aufnimmt. In der Praxis sollte es aber keine ernsten Probleme geben, es sei denn, sie führen die Creme unmittelbar vor dem Koitus ein.
- Nach neueren Erkenntnissen scheint es erwiesen, daß einige wenige Frauen beim Orgasmus tatsächlich eine spezielle sexuelle Flüssigkeit ausstoßen. Das war von vielen Ärzten (auch von mir) jahrzehntelang bezweifelt worden, ist nun aber wohl eine wissenschaftlich erhärtete Tatsache. Diese Frauen scheinen die fragliche Flüssigkeit in einer geheimnisvollen Drüse zu produzieren, die ein Äquivalent zur männlichen Prostata darstellen könnte. Die Menge der ejakulierten Flüssigkeit variiert von Fall zu Fall, ist oft aber größer als bei den Männern.

Orgasmus

Mythos. **Eine richtige Frau ist schon in frühester Jugend orgasmusfähig und kommt bereits beim ersten Koitus ihres Lebens. Außerdem hat sie von Anfang an Mehrfachorgasmen und kann problemlos ein paar Dutzend Höhepunkte hintereinander abspulen, sobald ein Mann in sie eindringt.**

FAKT Solange sie jung sind, erreichen die meisten Frauen nur schwer einen Orgasmus – es fällt ihnen im allgemeinen aber sehr viel leichter, wenn sie älter und erfahrener werden.

Es gibt zwar einige Frauen, die schon in sehr jungen Jahren zu »kommen« lernen, vor allem wenn sie bereits als Mädchen zu masturbieren begonnen haben. Dennoch gilt – wie auch die umfangreiche Erhebung zur weiblichen Sexualität ergab, die ich vor kurzem durchführte –, daß die durchschnittliche Frau von heute ihren ersten Orgasmus frühestens etwa zwei Jahre nach ihrem ersten Koitus bekommt. Nur sehr, sehr wenige der befragten Frauen berichteten, daß sie schon beim ersten Beischlaf ihres Lebens gekommen seien.

Was hat es nun mit den berühmten multiplen Orgasmen auf sich – mit anderen Worten, den mehrfachen Höhepunkten im Laufe einer einzigen Nacht (die natürlich auch ein Tag sein kann)? Um die Wahrheit zu sagen: Sie scheinen bis vor kurzem eher die Ausnahme gewesen zu sein!

In *Das sexuelle Verhalten der Frau* (1953) berichtete Kinsey noch, daß nur 14% der von ihm befragten Frauen zu multiplen Orgasmen in der Lage gewesen seien. Aber da die Frauen sexuell freier, emanzipierter geworden sind und die Männer gelernt haben, die Frauen besser zu stimulieren, sieht das inzwischen um einiges anders aus. Meine eigenen Erhebungen bei Leserinnen von Frauenmagazinen lassen die These zu – die durch neuere amerikanische Forschungen erhärtet wurde –, daß heutzutage ungefähr 60% der Frauen multiple Orgasmen haben.

Erst wenn ihre Scheide durch das Vorspiel feucht geworden ist, darf der Mann in die Frau eindringen.

Besonders ermutigend ist ein Teilergebnis meiner Studien, wonach die Frauen mit wachsendem Alter mit sehr viel größerer Wahrscheinlichkeit zu mehrfachen Höhepunkten kommen. Bei den über 45jährigen Frauen sind multiple Orgasmen am häufigsten.

Alles in allem, was kann ein Mann »orgasmusmäßig« mit Fug und Recht von seiner Partnerin erwarten? Eigentlich überhaupt nichts – wenn er sie nicht wirklich mag, ermutigt und erregt. Er sollte vor allem das Vorspiel ausdehnen und sie mit den Techniken stimulieren, die ihr helfen, ihren Höhepunkt zu erreichen. Aber auch wenn er all das beherzigt, muß er die folgenden drei Punkte beachten:

- Es kann immer Tage geben, wo ihr einfach nicht nach einem Orgasmus ist.
- Wenn sie jung und noch relativ unerfahren ist, kann sehr wohl einige Zeit ins Land gehen, bis ihr Körper mit dem Prozeß des Orgasmus – von multiplen Orgasmen ganz zu schweigen – zurecht kommt.
- Viele Frauen (vielleicht sogar die meisten) durchlaufen in ihrem Leben immer wieder Phasen, wo ihnen einfach nicht nach einem Orgasmus ist. Das passiert sehr häufig in den Wochen nach einer Niederkunft. Jeder Versuch, eine Frau zu solchen Zeiten sozusagen mit Gewalt zum Höhepunkt zu bringen, wäre äußerst gefühllos und wahrscheinlich auch vergeudete Liebesmühe.

die große Liebhaberin

Mythos. **Nach der Vorstellung vieler Männer haben Frauen im Bett wahnsinnig raffiniert und in allen erotischen Techniken erfahren zu sein, so daß sie dem Mann jederzeit eine irre Befriedigung verschaffen können.**

FAKT Von einer jungen, unerfahrenen Frau ist – definitionsgemäß – so gut wie keine Kenntnis sexueller Techniken zu erwarten. Frauen brauchen entsprechende Praxis und müssen durch Erfahrung lernen, wie man einen Mann gekonnt mit der Hand befriedigt oder ihm »einen bläst«.

In einer dauerhaften Liebesbeziehung können Sie natürlich hoffen, daß Ihre Partnerin nach und nach lernt, es Ihnen im Bett schön zu machen – genau wie Sie es lernen werden, es ihr schön zu machen.

Wenn Sie nicht gleich beim ersten Mal das perfekte Sexerlebnis erwarten, dann können Sie auch nicht enttäuscht – aber dafür vielleicht sehr angenehm überrascht werden.

warum soll der Mann die Initiative ergreifen?

Es gibt eine ganz besondere Erwartung, die sich ausschließlich an den Mann, nicht aber an die Frau, richtet. Die traditionelle soziale Norm besagt, daß die Männer die Avancen machen, ein Rendezvous vorschlagen, im Bett die Initiative ergreifen. In sexuellen Dingen heißt »die Initiative ergreifen« zum Beispiel:

- Als erster signalisieren, daß man mit jemandem schlafen möchte.
- Auch körperlich »den ersten Schritt« in Richtung Schlafzimmer machen.
- Damit beginnen, (sich und dem andern) die Kleider auszuziehen.
- Als erster den/die Partner/in intim berühren.
- Vorschlagen (oder vielleicht entscheiden), welche Wege das gemeinsame Liebesspiel einschlagen soll.
- Den »Endpunkt« eines Koitus bestimmen – indem man kommt.

Es sind also ständig Entscheidungen zu treffen, und das kann den Männern das Leben ganz schön schwer machen, vor allem wenn sie noch sehr jung oder von Natur aus schüchtern und zurückhaltend sind. So mag es einem Mann zum Beispiel sehr peinlich sein, seine sexuellen Wünsche auszudrücken, so daß ihm, wenn er mit ihr ins Bett gehen will, absolut nicht einfällt, wie er es ihr sagen und was er tun könnte, um den Anfang zu machen, oder wie er ihr zum Beispiel den Büstenhalter ausziehen soll, ohne ungeschickt zu erscheinen.

In den letzten Jahren ist aber vielen klar geworden, wie lächerlich und unhaltbar diese gesellschaftliche Erwartung ist, wonach beim Sex stets der Mann entscheiden muß, was genau zu passieren hat. Immer mehr Frauen rebellieren gegen diese Tradition und sagen sehr deutlich, was sie im Bett machen wollen – und tun das dann auch.

Bei uns hatte immer der Mann die Initiative zu ergreifen – z. B. indem er die Frau auszog.

Einen Versuch wert ist die »Hundestellung«, wenn Sie das reizt – aber nie gegen ihren Willen!

Viele Frauen finden Sex erregender und befriedigender, wenn sie selbst beim Liebesspiel öfter die Initiative ergreifen. Das mag einigen – weniger emanzipierten – Männern nicht gefallen, aber die meisten werden aufgeschlossen reagieren, wenn sie ihre Frau etwa das Folgende sagen hören:

- »Ich würd' heute abend gern mit dir schlafen.«
- »Wir sollten uns jetzt ausziehen.«
- »Faß mich doch hier mal an, Lieber.«
- »Leg dich zurück und entspann dich, damit ich dich verwöhne.«
- »Komm nun in mich!«
- »Bitte, warte noch mit deinem Orgasmus – laß uns das noch eine Weile so genießen.«
- »Ich hab's gleich – ›komm‹ auch du, sobald du möchtest!«

Lustgewinn durch Stellungswechsel

Die enorme gesellschaftliche Liberalisierung der letzten Jahre hatte auch einen recht kuriosen Nebeneffekt. Weil das *Kama Sutra* und ähnliche Bücher zum populären Lesestoff wurden (den man inzwischen sogar seinen Freunden oder Freundinnen zur Hochzeit schenkt), meinen viele, ein guter Liebhaber (ob Mann oder Frau) müsse notwendigerweise fähig sein, in hundert verschiedenen Stellungen mit seinem Partner zu schlafen.

Wie wir im 7. Kapitel sehen werden, können ein paar genußvolle Stellungsvariationen tatsächlich helfen, dem Sex seine Frische und Spannung zu bewahren. Aber niemand sollte sich verpflichtet fühlen, ein Repertoire von Dutzenden von verschiedenen Positionen um ihrer selbst willen parat zu haben.

Den meisten Paaren genügt es, wenn sie in zwei oder drei unterschiedlichen Stellungen miteinander schlafen können – und vielleicht zu bestimmten, besonders bequemen Positionen wechseln, wenn die Frau schwanger ist. Ältere Menschen, die, weil von Arthritis oder Rheuma geplagt, nicht mehr ganz so beweglich sind, tun oft gut daran, neue Stellungen auszuprobieren; das gilt auch für manche Behinderte. Im folgenden beschreiben wir nun vier der populärsten und bequemsten Positionen, die keinerlei anstrengende Akrobatik erforden:

»Mutter Oberin«. Hier liegt die Frau einfach auf dem Mann, mit ihren Beinen zwischen den seinen. Weil ihr Unterleib dabei nur sehr wenig belastet wird, ist diese Stellung für Zeiten der Schwangerschaft wärmstens zu empfehlen.

»Hundestellung. Sehr zu meiner Überraschung scheint diese Stellung bei romantisch veranlagten Frauen am beliebtesten zu sein (das legt jedenfalls eine von mir durchgeführte, große Umfrage nahe). Sie funktioniert genauso, wie ihr (sehr unromantischer) Name vermuten läßt: Die Frau läßt sich auf alle viere nieder, der Mann kniet sich hinter sie, zwischen ihre Schenkel, und dringt von hinten in sie ein.

»Auf dem Stuhl«. Der Mann sitzt auf einem Stuhl, die Frau setzt sich, mit dem Rücken zu ihm, auf seinen Schoß – und er dringt von unten in sie ein. Um zu variieren, kann sie sich auch seitlich auf seinen Schoß setzen.

»Löffelchen«. Bei dieser sehr bequemen Position liegen beide auf der Seite (der Mann hinter der Frau), und schmiegen sich eng aneinander, wie zwei Löffel im Besteckkasten. Auch hier dringt der Mann von hinten in die Frau ein. Diese Stellung ist besonders geeignet, wenn die Frau schwanger ist oder einer von beiden Hüftgelenkarthritis hat.

der gleichzeitige Orgasmus

Es gibt einen Mythos, der von den Medien (vor allem aber von den Buchautoren) besonders gepflegt wird – und sehr großen Schaden anrichten kann: der Mythos vom gleichzeitigen Orgasmus. Wer sein Sexualwissen allein aus romantischen oder erotischen Romanen bezöge, wäre felsenfest überzeugt, daß beide Partner zur gleichen Zeit kommen müssen – und das natürlich jedesmal, wenn sie miteinander schlafen. Wahrscheinlich kennen auch Sie die Art von Literatur, die ich meine:

> *»Tausend Lerchen jubilierten in Arabellas wogendem Busen, als ihre Leidenschaft dem höchsten Punkt entgegenstrebte. Als sie schließlich den Zenit aller Erregung erreichte, brach ein wildes Stöhnen aus ihrem weit geöffneten Mund. Und genau im gleichen Augenblick erklomm auch Roderick den*

himmlischen Gipfel der Liebe. Wie immer, so hatten sie auch diesmal den Höhepunkt der Lust in ein und demselben Moment erlebt.«

Natürlich kann Liebe manchmal auch so sein – aber alle modernen Sexumfragen zeigen, daß sie in den meisten Fällen anders ist. Das können viele Menschen nur schwer akzeptieren, aber es stimmt. Bei unserer Erhebung für dieses Buch befragten wir zahlreiche Frauen, wie häufig sie wirklich gleichzeitig mit ihrem Partner zum Orgasmus kommen (ob nun beim Koitus oder beim gemeinsamen und gegenseitigen Masturbieren). Hier unsere Ergebnisse:

- 45 Prozent der Frauen gaben an, »nie« oder »selten« gleichzeitig zu kommen.
- Bei 41 Prozent war die Antwort: »meistens«.
- Nur 11 Prozent sagten: »immer« oder »fast immer«.

Mit anderen Worten: Ein gleichzeitiger Orgasmus ist sehr schön, wenn man ihn hat – immer hat ihn zur Zeit aber nur eine kleine Minderheit von Paaren. Aber, je besser und genauer Sie die Wünsche Ihres Partners bzw. Ihrer Partnerin kennenlernen und je mehr Sie miteinander kommunizieren, desto eher werden auch Sie einmal gleichzeitig kommen.

MYTHEN zur POTENZ

Ein weitverbreiteter Mythos besagt, daß ein richtiger, heißblütiger Mann eine Erektion zuwege bringen kann, wann immer er gefordert ist. Aber irgendwann in ihrem Leben merken alle Männer, daß dies eine Legende ist.

Jeder Mann kommt eines Tages in eine Situation, wo er es einfach nicht »bringen« kann. Leider geraten viele Männer in so einem Moment in Panik; sie fürchten, von einer schrecklichen Krankheit befallen zu sein oder den dramatischen Auftakt zu ewiger Impotenz zu erleben. In den weitaus meisten Fällen liegen sie damit jedoch völlig falsch.

Es besteht allerdings die Gefahr, daß sich ein Mann über sein Unvermögen, einen Ständer zuwege zu bringen, solche Sorgen macht, daß er eine richtiggehende Neurose entwickelt. Und Angst läßt den Körper chemische Stoffe erzeugen, die sehr erektionshemmend wirken können.

Anders gesagt: Wenn Sie auf eine ausgebliebene Erektion mit übertriebener Ängstlichkeit reagieren, riskieren Sie, einen Teufelskreis in Gang zu setzen, der Ihre Potenzprobleme tatsächlich verlängern könnte.

Was bedeutet das praktisch? Nun, wenn Ihr Penis ir-

Machen Sie sich beim Liebesspiel nicht zu viele Gedanken über einen gleichzeitigen Orgasmus.

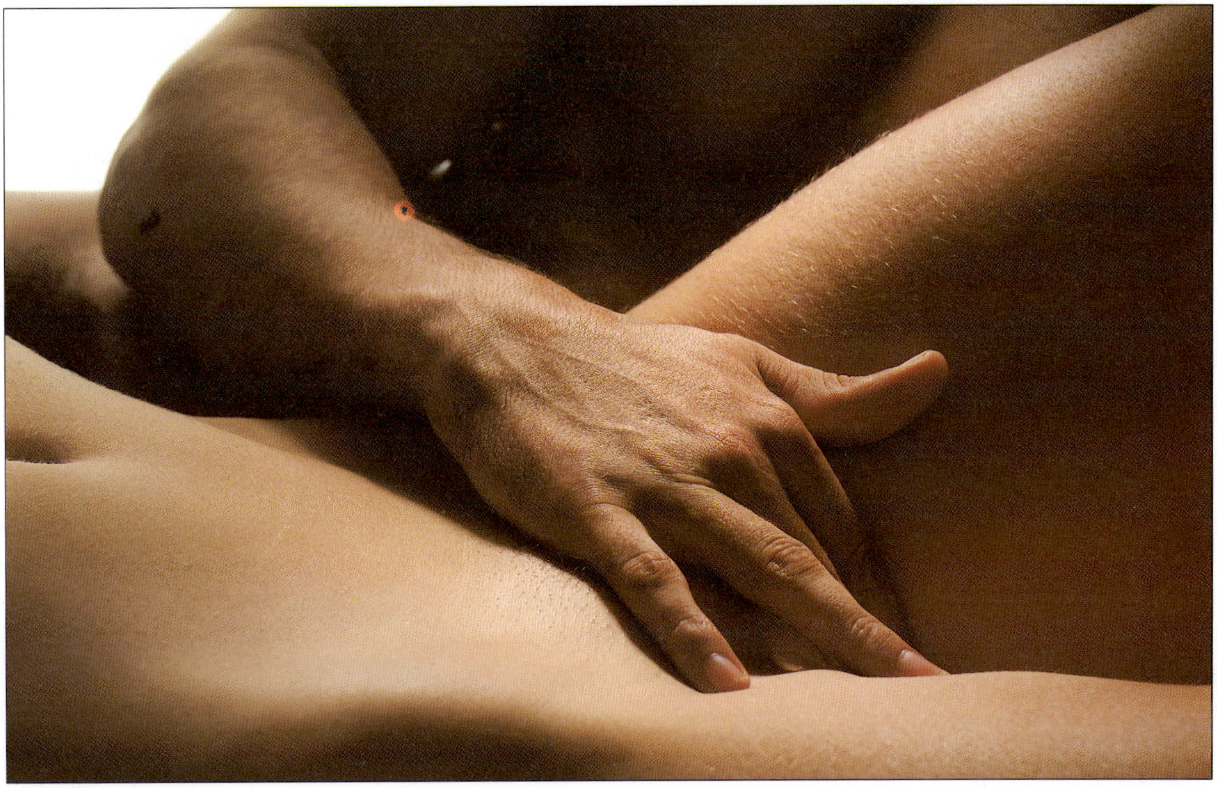

Die meisten Frauen brauchen für einen Orgasmus auch die stimulierende Hand ihres Partners.

gendwann einfach nicht aufstehen will, dann sollten Sie von ganzem Herzen darüber zu lachen versuchen, daß Ihr Körper dieses eine Mal für eine Erektion zu müde ist.

Erzählen Sie unbedingt gleich auch Ihrer Partnerin von Ihrem Malheur, damit sie versteht, was bei Ihnen vorgeht, und Ihnen helfen kann, das Ganze auf die leichte Schulter zu nehmen. Wenn Sie es mit Schweigen übergehen, könnte sie sich verschmäht oder verletzt fühlen, weil Sie mit einemmal nicht mehr mit ihr schlafen wollen.

Keine Erektion zu bekommen, bedeutet übrigens nicht, daß Sie Ihre Frau nicht befriedigen können. Wenn die Situation erst einmal geklärt ist, werden die meisten vernünftigen und erfahrenen Frauen nur zu gern bereit sein, sich von ihrem Liebhaber mit dem Mund, der Zunge oder der Hand befriedigen zu lassen oder zur Abwechslung mal einen Vibrator zu Hilfe zu nehmen.

Nach einer anderen, weitverbreiteten Legende soll ein Mangel an männlichen Sexualhormonen schuld daran sein, wenn ein Mann kein steifes Glied bekommt. Das ist blanker Unsinn. Potenzprobleme werden nämlich, wie wir gleich sehen werden, nur sehr selten durch einen zu geringen Testosteronspiegel verursacht.

PROBLEME mit der EREKTION

Die wichtigsten Ursachen gelegentlicher Erektionsausfälle sind:

- Müdigkeit
- Streß
- Sorgen
- Angstzustände
- Depressionen
- Alkoholmißbrauch
- Schuldgefühle (vor allem, wenn man mit jemandem schlafen will, mit dem man nicht sollte – was ja immer wieder vorkommt!)
- Wenn die Liebe stirbt / Gleichgültigkeit oder Feindschaft herrscht

Das ständige Ausbleiben einer Erektion kann auf dieselben, aber auch auf weitere Ursachen zurückgehen, etwa auf:

- Blutdruckregulierende oder andere, ärztlich verordnete Medikamente
- Drogenkonsum (z. B. von Heroin)
- Exzessiver Nikotingenuß (Tabak)
- Diabetes
- Nervenverletzungen durch größere Operationen oder schwere Verletzungen
- Multiple Sklerose
- Sehr ungewöhnlich: Testosteronmangel

Vielleicht fragt sich der eine oder andere, ob der Faktor »Alter« auch eine Rolle spielen könnte. In der Vergangenheit hatten leider viele Ärzte die Tendenz, in so einem Fall ihren Patienten – und, wohlgemerkt, das waren manchmal 39 Jahre junge Männer – zu sagen: »Das muß an Ihrem Alter liegen, Herr Schmidt.« Und Herr Schmidt hatte das zu akzeptieren, ob er wollte oder nicht. Aber in Wirklichkeit nimmt die männliche Potenz mit wachsendem Alter erheblich langsamer ab, als viele Leute sich vorstellen. Es sei daran erinnert, daß nicht weniger als 10 Prozent der Männer in ihrem 70. Lebensjahr noch potent sind.

Impotenz und wie sie geheilt werden kann

»Impotent« nennt man jemanden, der wiederholt keine für einen Koitus und eine Ejakulation wirklich ausreichende Erektion zustande bringt. Die möglichen Gründe dafür haben wir ja bereits genannt, und wenn Sie selbst unter Impotenz leiden, sollten Sie zuerst einmal herauszufinden versuchen, welche davon bei Ihnen vorliegen könnten.

Dann sprechen Sie das Ganze mit Ihrer Partnerin durch und hören sich an, wo ihrer Ansicht nach die Ursachen liegen dürften. Diese gemeinsame Klärung kann sehr hilfreich sein. Sollten Sie etwa beide Müdigkeit für den Hauptgrund halten, könnte Ihre Partnerin Ihnen ja dadurch behilflich sein, daß sie erst dann mit Ihnen ins Bett geht, wenn Sie sich ein wenig ausgeruht haben. Sie könnte Ihnen auch mit einer sanften kleinen Fellatio (oralem Sex) helfen – an einem schlaffen Penis zu saugen, ist bekanntlich eine der besten Methoden, um ihn zu einer vollen Erektion zu bringen.

Aber wenn Ihr Problem sich durch diese gemeinsamen Anstrengungen nicht beheben läßt, sollten Sie den nächsten Schritt unternehmen und einen Experten konsultieren. Ich würde Ihnen empfehlen, zuerst einmal gemeinsam zu einer Familienberatungsstelle, etwa von PRO FAMILIA, zu gehen, denn die Ärztinnen und Ärzte dort dürften mehr Erfahrung mit derlei Problemen haben als irgendein anderer. Eine Alternative wäre ein Sexualtherapeut bzw. ein sexualtherapeutisches Zentrum, die natürlich unterschiedliche Behandlungskonzepte haben können, wie etwa die von den amerikanischen Sextherapeuten Masters und Johnson entwickelten psychologischen Methoden. Das wird Ihnen selbstverständlich nicht viel helfen, wenn Ihre Impotenz im wesentlichen körperliche Ursachen haben sollte. In diesem Fall sollten Sie sich dann an einen Urologen wenden.

Das ist ein Facharzt für Erkrankungen der männlichen Sexualorgane und der Harnorgane von Mann und Frau. Für die medizinische Impotenzbehandlung sind in den letzten Jahren zwei wichtige Neuerungen entwickelt worden – Injektionen und Implantate.

Implantate

Ein Urologe kann Ihnen ein steifes oder ein aufblasbares Stäbchen in die Penisschwellkörper einsetzen, so daß Sie, wann immer Sie wollen, mit einer Frau schlafen können. Ein steifes Implantat bewirkt praktisch eine ständige Erektion. Sie richten es zum Koitus einfach nach oben und anschließend wieder nach unten. In die weichen Stäbchen wird, bei Bedarf, aus einem oft im Hodensack befindlichen Reservoir eine Flüssigkeit gepumpt. Das Einsetzen stellt in beiden Fällen eine größere Operation dar, die auch nicht immer gelingt. Für die Kosten dieses Eingriffs müssen Sie höchstwahrscheinlich selbst aufkommen.

Es gibt inzwischen auch außen am Penis anzubringende Erektionshilfen; das sind im Prinzip dicke, jeweils mit einem Saugrohr verbundene Kondome. Man saugt mit dem Röhrchen eine Erektion herbei und läßt die gesamte Vorrichtung während des Koitus am Penis.

Diese äußerlichen Hilfen sind nicht besonders gefühlsintensiv und zudem recht teuer (1993 kosteten sie etwa 200 DM), sollen aber nach Meinung vieler Männer ihr Geld wert sein.

Injektionen

Viele Urologen (und manche Hausärzte) sind heute bereit, Injektionen starker Medikamente, wie etwa Papaverin, zu verschreiben, die sofort zu einer Erektion führen. Man spritzt sie direkt in den Penis. Meist wird der Arzt die ersten Injektionen vornehmen und Ihnen dann die erforderlichen Nadeln zum häuslichen Gebrauch mitgeben.

Wie bei jeder anderen medizinischen Behandlung, so kann es auch bei diesen Injektionen Probleme geben: Die wichtigsten möglichen Nebeneffekte sind Penisinfektionen, Blutungen sowie Endloserektionen. Letzteres mag sich für viele Männer zwar gut anhören, ist aber eine sehr schmerzhafte Angelegenheit. Dann heißt es nämlich: Schleunigst ins Krankenhaus und sofort ent-erigieren lassen!

Aber was man bei all dem nie vergessen sollte: Wenn Sie je sexuelle Leistungsprobleme haben sollten, gibt es dafür fast immer eine Lösung. Wenn Sie nicht in einer dauerhaften Beziehung leben, könnte es einfach daran liegen, daß Sie und Ihr/e derzeitige/r Partner/in eben nicht die ideale Kombination sind. Und jede/r neue Liebhaber/in hat ja den unschätzbaren Vorzug, absolut nichts von Ihrer sexuellen Vorgeschichte zu wissen, und ist es gut möglich, daß sich Ihre Probleme und Unsicherheiten in einer neuen Beziehung ohne allzu große Anstrengungen von Ihrer Seite in nichts auflösen. Mit wachsender erotischer Erfahrung wird Sex wird fast immer schöner und besser.

F *Wie zufrieden sind Sie mit Ihrem derzeitigen Sexualleben?*

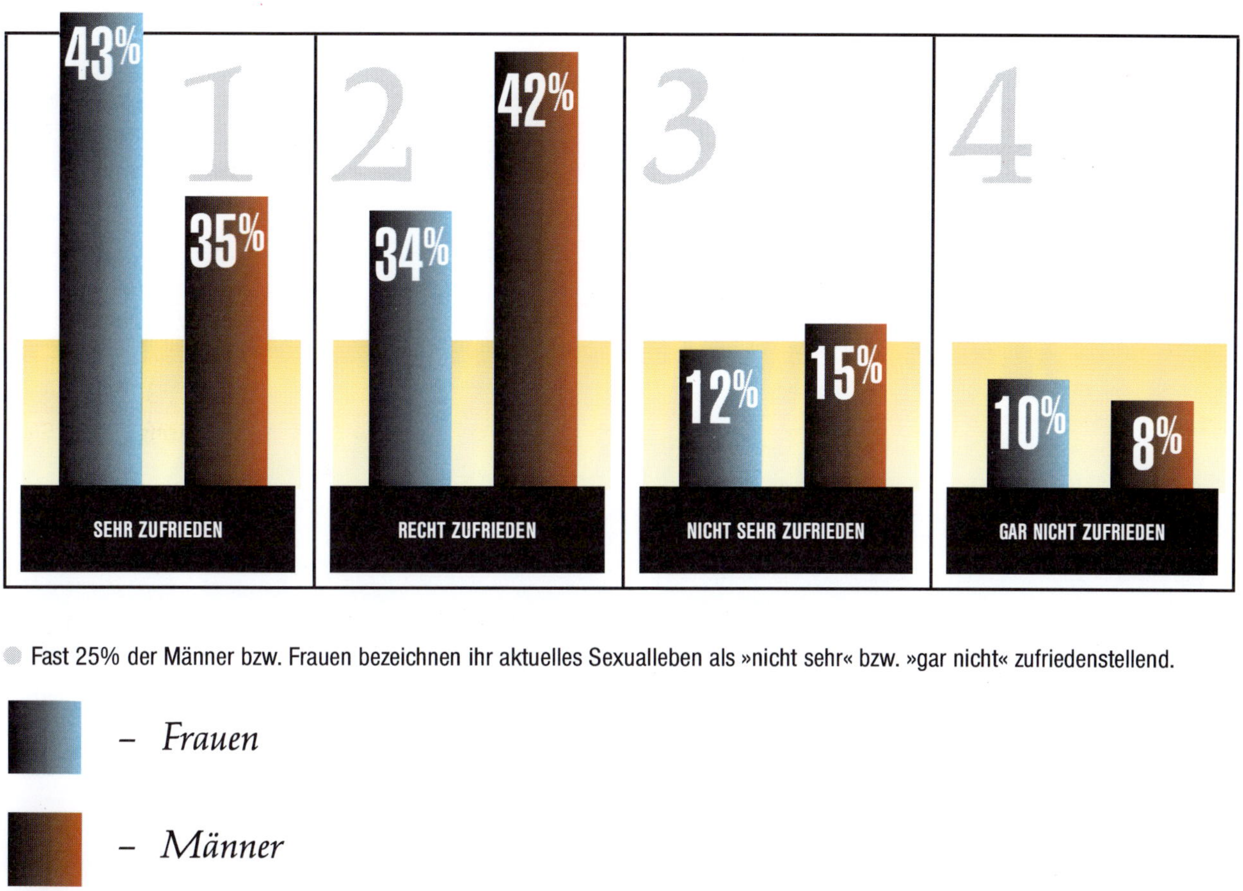

Fast 25% der Männer bzw. Frauen bezeichnen ihr aktuelles Sexualleben als »nicht sehr« bzw. »gar nicht« zufriedenstellend.

5

Sex mit einem neuen Partner – Etikette und Anziehung

Einen neuen Partner zu gewinnen oder zu verführen und mit ihm bzw. ihr zu schlafen, sollte keine rein mechanische Angelegenheit sein, auch wenn manches Buch zur Sexualität des Menschen den Eindruck vermittelt, Liebesspiel und Koitus seien ausgesprochen technische Aktivitäten, die man im Prinzip so erlernen könne wie Korbflechten oder den Umgang mit der Laubsäge.

Zugegeben, ohne die Kenntnis der grundlegenden sexuellen Mechanismen geht es nicht. Aber zur Sexualität gehört auch noch etwas anderes, was häufig vergessen wird: Stil.

Ja, es gibt so etwas wie eine »Sex-Etikette«. Alle menschlichen Gesellschaften haben bestimmte Verhaltensregeln zur Kontrolle ihrer unterschiedlichen Handlungssysteme entwickelt, und davon ist auch die Sexualität nicht ausgenommen. Es gibt einen (weitgehend ungeschriebenen) Verhaltenscode, der mit gewissen Bandbreiten festlegt, was man tun und was man besser unterlassen sollte bzw. auf keinen Fall tun darf, wenn man eine sexuelle Beziehung anbahnt oder beginnt – und genau diesen Code werden wir uns in diesem Kapitel einmal genauer ansehen.

VERHALTEN und ETIKETTE

Wenn es kein Normensystem zur Regulierung unseres Sexualverhaltens gäbe, würde unser Leben chaotisch und wohl auch sehr unglücklich verlaufen. Die Leute würden sich, fürchte ich, aufeinander stürzen und »es tun«, wann immer sie den Drang dazu verspüren – und dabei nur an ihre sexuelle Erleichterung denken und sich um die Folgen oder das Glück des anderen einen Teufel scheren.

Glücklicherweise gibt es einen Verhaltenscode (eine Etikette), der uns sagt, was wir in diesem Lebensbereich tun sollten, vor allem dann, wenn wir neue Partner/innen suchen und mit ihnen zum erstenmal ins Bett gehen.

Dieser Code ist nicht in allen westlichen Gesellschaften gleich; in Irland etwa ist er sehr viel strenger gehalten als in Deutschland, Österreich oder der Schweiz. Aber es gibt eine grundlegende Norm, die überall gilt: daß man Rücksicht auf die Gefühle desjenigen nehme, mit dem man sich sexuell einzulassen gedenkt, und acht habe, ihm oder ihr weder Pein noch Peinlichkeiten zu bereiten.

Vom ersten Flirt über den ersten Kuß zum ersten Petting und zum ersten Koitus gilt es, die sexuellen Bedürfnisse und die Gefühle des anderen zu berücksichtigen und zu versuchen, nicht allzu egoistisch zu sein – so schwer einem das auch fallen mag.

WAS DEN ANDEREN ANZIEHT

Männer und Frauen gehen die Frage der Partnersuche beileibe nicht auf dieselbe Weise an – sie achten dabei auf sehr unterschiedliche Dinge, denken auch andere Gedanken.

was man beim Kennenlernen sieht

Schauen wir uns einmal an, wie völlig unterschiedlich Männer und Frauen potentielle neue Partner/innen »sehen«:

Männer. Wenn ein Mann – insbesondere ein junger Mann – eine Frau zum erstenmal unter die Augen bekommt, nimmt er sie als eine Ansammlung körperlicher Merkmale wahr. Wie eine unserer Umfragen zeigt, tendiert der männliche Blick dazu, sich sofort an irgendeinem erotisch bedeutsamen Körperteil, wie den Brüsten, Beinen, Pobacken oder Lippen, festzuhaken. Und natürlich weiß er auch ein hübsches Gesicht zu würdigen.

Frauen. Wenn dagegen einer Frau auf der Straße, in einem Café, einer Diskothek oder sonst irgendwo ein Mann ins Auge fällt, nimmt sie meist eine weniger »organ-orientierte« Perspektive ein. Sie ist weit eher geneigt, ihn als »hübschen Kerl« oder »freundlichen Burschen mit humorvollem Gesicht« zu registrieren – als sich irgend welche Gedanken über die Größe seines Penis zu machen. Nicht wenige Frauen räumen aber ein, daß der Hintern eines Mannes beim ersten Kennenlernen sehr anziehend auf sie wirken könne. Wenn ihnen dieser Po wirklich gefällt, beschreiben sie ihn mit Adjektiven wie »keß«, »proper«, »niedlich«, »knakkig«, »süß« und »so richtig zum Anfassen«. Das ist eine kuriose Sache, weil ja dem Hintern beim (späteren) Liebesspiel meist nicht gerade eine Hauptrolle zukommt.

Wenn ein Mann sich einer Frau vorstellt, wird sie ihm normalerweise nicht wie gebannt auf den Schritt starren; es gibt aber immerhin eine kleine weibliche Minderheit, deren Augen sich beim »Guten-Tag-Sagen« von der verräterischen Wölbung seiner Hosen angezogen fühlen. (Ob der Mann das im konkreten Fall oder überhaupt schätzt oder nicht, sei einmal dahingestellt!) In ihrer überwiegenden Mehrheit haben die Frauen ganz andere Dinge im Sinn.

was man beim Kennenlernen denkt

Das bringt uns zur entscheidenden Frage nach den Gedanken, die den Menschen bei einer ersten Begegnung durch den Kopf gehen. Hier neigen die beiden Geschlechter dazu, einander vollends mißzuverstehen.

Männer. Wenn ein Mann eine potentielle neue Geliebte erblickt, schießen ihm wahrscheinlich Gedanken der folgenden Art durch den Sinn:

- »Was für ein Busen! Was die wohl sonst noch zu bieten hat . . .«

Sie stellt sich seine Gedanken, Gefühle und Persönlichkeit vor – und er ihren Körper.

Sie denkt: »Ob er wohl der Eine ist?« Er denkt: »Wird sie gut sein im Bett?«

- »Klasse Frau! Der würd' ich gern einen verpassen ...«
- »Wie die mich anlächelt! Wenn ich es richtig anstell', leg' ich sie aufs Kreuz.«

In diesen Reaktionen – vor allem der letztgenannten – wird das Gegenüber praktisch zur Unperson. Dieser spezifische Mann denkt kaum an die Frau selbst – ihn beschäftigt nur, wie er die »aufs-Kreuz-legen«-Situation herbeiführen kann.

Natürlich sind nicht alle Männer so schlecht, aber viele: Es gibt manche Don Juans, die kennen eine Frau kaum fünf Minuten lang, da überlegen sie schon, wie sie die am nächsten Morgen möglichst problemlos wieder loswerden könnten!

Frauen. Männliche Leser stellen sich die Gedanken einer Frau, die gerade einen Mann kennenlernt, möglicherweise so vor: »Was für ein Hengst! Ach, von dem möcht' ich genommen werden ...«

Nun, das dürfte selten zutreffen. Obwohl manche Frauen – vor allem wenn sie frustriert sind – tatsächlich solche Gedanken hegen, wenn sie einen Mann zum erstenmal treffen, werden die meisten doch eher folgende Überlegungen anstellen:

- »Ein wunderbarer Mann!«
- »Wie groß der ist!«
- »Es macht Spaß mit ihm.«
- »Er ist bestimmt romantisch und aufmerksam.«
- »Ob der wohl meine große Liebe werden könnte?«

Vergessen Sie also nie, und das gilt für Männer wie für Frauen, daß Ihnen bei der ersten Begegnung mit einem potentiellen neuen Partner wahrscheinlich völlig andere Gedanken kommen als Ihrem Gegenüber (und umgekehrt). Daraus folgen zwei wichtige Verhaltensregeln:

- Kein Mann sollte glauben, daß eine Frau beglückt (und in ihren Gefühlen nicht verletzt) ist, wenn er zuerst heiter und vergnügt mit ihr schläft – und sie dann »abschießt«.
- Als Frau hüte man sich vor dem verbreiteten – und recht vermessenen – Denkfehler, ein Mann, der Sie intensiv ansieht, sei auf eine längerfristige romantische Beziehung aus. Das könnte ja durchaus sein, aber wahrscheinlicher ist, daß er Sie gerade mit den Augen auszieht.

was man beim Kennenlernen riecht

Wie in den letzten Jahren deutlich geworden ist, spielt der Geruchssinn bei der körperlichen Anziehung eine weit größere Rolle, als wir früher glaubten oder zugeben wollten.

Beim ersten Kennenlernen können drei verschiedene Geruchsquellen sexuelle Anziehung (oder das Gegenteil) hervorrufen:

Parfüms oder Aftershave

Diese raffinierten Mixturen sind zweifellos wichtige Mittel der sexuellen Werbung. Die Parfümwolke, die eine vorübergehende Frau einhüllt, hat schon manchem Mann den Kopf verdreht! Ein Zuviel an Parfüm oder Rasierwasser, Aftershave oder was immer kann aber im schlechten Sinne atemberaubend und richtig abstoßend wirken.

Interessanterweise werden einige der teureren Parfüms mit den Sexualsekreten bestimmter Tiere versetzt. Wie auch immer das ethische Ziel dieser Parfümhersteller sein mag, das praktische ist offensichtlich – ihren Kundinnen und Kunden größere sexuelle Anziehungskraft zu verleihen.

Schweiß

Seit vor etwa 40 Jahren Deodorants allgemein in Gebrauch kamen, hängt die Menschheit der Vorstellung an, daß menschlicher Schweiß »nicht schön« rieche.

Daran ist richtig, daß manche Leute, die auf ein Deodorant verzichten, an einem heißen Tag, nach schweißtreibender Arbeit oder anstrengendem Sport ganz fürchterlich stinken können. Es ist aber wissenschaftlich erwiesen, daß kleine Mengen von männlichem oder weiblichem Schweiß auf viele Angehörige des jeweils anderen Geschlechts eine angenehm erotisierende Wirkung haben können.

Als Mann werden Sie männlichen Schweiß wahrscheinlich abstoßend finden. Als sexuell eingestimmte Frau würden Sie jedoch sagen, eine kleine Prise davon sei »aufregend männlich«. Umgekehrt werden Sie sich als Frau vermutlich nicht viel aus dem Geruch weiblicher Achselhöhlen machen. Dafür dürften aber viele Männer so einen kleinen Hauch von Ihrer Achselausdünstung ziemlich erregend finden.

Daraus folgt eine weitere Regel sexueller Etikette: Es ist natürlich der Gipfel an Rücksichtslosigkeit, wenn jemand mit penetrantem Körpergeruch durch die Welt zieht. Sie machen aber sicher nichts falsch, wenn Sie ein bißchen von Ihrem weiblichen/männlichen Wohlgeruch um sich verbreiten, um auf das andere Geschlecht anziehend zu wirken.

Pheromone

Eine dritte Art sexueller Lockduftmittel sind die natürlichen chemischen Substanzen, die man Pheromone nennt. Wir alle erzeugen diese Stoffe (es gibt männliche und weibliche) in unseren Sexualorganen. Sie haben einen Geruch – den wir aber nicht unbedingt bewußt wahrnehmen können.

Pheromone lasssen sich mit den schon erwähnten tierischen Ingredienzen vergleichen, die manchen Parfüms beigemischt werden. Sie sind zwar sehr viel subtiler und schwieriger festzustellen, aber dennoch sehr starke sexuelle Lockmittel. Frauen, die große Mengen von Pheromonen produzieren, üben anscheinend eine große Anziehungskraft auf Männer aus, ohne daß letztere wüßten warum.

Genauso gilt umgekehrt, daß manche Männer (die vielleicht gar nicht besonders attraktiv aussehen) Frauen einfach aufgrund der von ihren Sexualorganen erzeugten Pheromone anzuziehen scheinen.

Die einschlägige Industrie hat aus diesen neuen Erkenntnissen Kapital zu schlagen versucht und Aerosolsprays mit Pheromonen auf den Markt gebracht. Sie sind in Sex-Shops und über den Versandhandel erhältlich. Ich habe aber trotz jahrelanger Recherchen zu diesem Thema keinen überzeugenden Beweis für die Wirksamkeit dieser »auf Flaschen gezogenen« Pheromone finden können, die im übrigen von Schweinen oder anderen Tieren, aber nicht von Menschen stammen.

Aber unsere körpereigenen Pheromone könnten sehr wohl potentielle Sexualpartner/innen anlocken. Auch hier sollte jedoch eine gewisse Etikette gelten. Gesellschaftliche Anstandsregeln wie auch die einfachsten Prinzipien medizinischer Hygiene verlangen, daß man seine Geschlechtsteile mindestens einmal am Tag gründlich wäscht. Jede übertriebene Körperpflege (mit, sagen wir, fünf oder sechs Waschungen täglich) würde aber auch Ihre natürlichen Pheromone beseitigen und so wahrscheinlich Ihre Attraktivität für das andere Geschlecht schmälern. Sauberkeitsexzesse könnten zudem Ihrer Gesundheit schaden, da sie die Infektionsgefahr erhöhen und besonders bei häufigen Waschungen des Scheideninneren unangenehme Pilzerkrankungen fördern.

Frauen rate ich dringend vom Gebrauch sogenannter »Vaginalduschen« und »Intimsprays« ab. Die meisten Ärzte halten sie für bedenklich, weil die Deodorants zu schmerzhaften Hautreizungen führen können und die Duschen die natürlichen Bakterien auswaschen, die Ihre Scheide gesund erhalten. Außerdem vernichten sie auch Ihr ganz persönliches »Locksystem« – Ihre Pheromone.

Körpersprache und sexuelle Anziehung

Es spricht wirklich nichts dagegen, auch die Körpersprache einzusetzen, um potentielle Partner/innen anzuziehen – man darf es nur nicht übertreiben. Ziemlich kraß wäre es, wenn zum Beispiel ein Mann provozierend seinen Unterleib vorstrecken würde. Und etwas zu weit ginge wohl auch die Frau, die sich bei der Unterhaltung mit einem Mann zwischen den Schenkeln streicheln würde (was ich bei einigen Frauen gesehen habe – die sich dessen aber vielleicht gar nicht bewußt waren).

Auf der anderen Seite haben negative Körpersignale aber auch schon manche potentiell gute Beziehung im Keim erstickt. Was heißt »negative Körpersprache«? Nun, wenn Sie jemanden kennenlernen, mit dem Sie gern eine Beziehung entwickeln würden, sollten Sie folgendes lieber nicht tun:

- Den Kopf senken, als ob Sie Ihr Gesicht verbergen wollten.
- Die Augen nach unten statt auf Ihr Gegenüber richten.
- Die Schultern hochziehen.
- Die Arme auf der Brust verschränken, als ob Sie sich schützen wollten.
- Verlegen die Beine umeinander wickeln, als ob Sie Ihre Genitalien verteidigen müßten.

Ob zwei Menschen einander anziehend finden, hängt zum Teil auch von ihren intimen Körpergerüchen ab.

All diese Körperhaltungen sind »Abgrenzungsindikatoren«. Sie signalisieren Ihrem Gegenüber: »Ich gehe in Verteidigungsposition, komm mir bloß nicht zu nahe!« (Seien Sie unbesorgt, das wird dann auch nicht passieren – wenn Sie es nicht mit einem ganz besonders hartnäckigen oder verständnisvollen Menschen zu tun haben.)

Wie sähe dann eine positive Körpersprache aus, d. h. ein Körperverhalten, das verlockende Signale aussendet wie »Ich mag dich« oder »Ich bin begehrenswert« oder »Aus uns beiden könnte wohl etwas werden«?

Hier ein paar Hinweise:

- Halten Sie den Kopf hoch.
- Blicken Sie Ihrem Gegenüber in die Augen (das wird natürlich nicht leicht sein, wenn Sie schüchtern sind; ein guter Trick in diesem Fall: Schauen Sie auf einen Punkt zwischen ihren/seinen Augenbrauen).
- Die Schultern entspannen, nach unten und etwas nach hinten bringen.
- Die Brust in Richtung auf Ihr Gegenüber leicht vorwölben – das gibt diesem nicht nur ein Gefühl von Nähe, sondern bringt (wenn Sie eine Frau sind) auch Ihren Busen besser zur Geltung.
- Die Gesten Ihrer Hand sollen Ihrem Gegenüber zeigen, daß Sie an seiner Meinung interessiert sind.
- Wenn das in aller Natürlichkeit und ohne Ihrem Gegenüber »zu nahe zu treten« möglich ist, legen Sie irgendwann im Verlauf des Gesprächs Ihre Hand auf dessen Handrücken.
- Legen Sie Ihrem Gegenüber die Hand aufs Knie, empfehlen manche Fachleute. Aber Vorsicht: Unter bestimmten Umständen könnte das aufdringlich und beleidigend wirken. Versuchen Sie es erst, wenn Ihnen eindeutig signalisiert wurde: »Mach ruhig weiter!«
- Nehmen Sie die Beine etwas auseinander, so daß Ihre Schenkel sich leicht öffnen.
- Wenn Sie unbedingt die Beine kreuzen müssen, vergewissern Sie sich, daß das obere Knie zu Ihrem Gegenüber weist.
- Abwechselndes Kreuzen und Entkreuzen der Beine kann sehr erotisch sein, vor allem bei Frauen – aber auch sehr unbeholfen wirken, wenn man es ungeschickt macht.
- Feuchten Sie Ihre Lippen an, wenn Sie mit jemandem plaudern.
- Lassen Sie die Zungenspitze so über Ihre Unterlippe gleiten, daß Ihr Gegenüber es sieht – das ist ein sehr starkes »Komm-doch«-Zeichen, vor allem, wenn es von einer Frau ausgeht.

Das sind alles Signale, die für das geschulte Auge leicht zu deuten sind. (So entdeckte ich im letzten Jahr durch die bloße Beobachtung der Körpersignale, die eine Frau einem fremden Mann zukommen ließ, daß sie drauf und dran war, ihrem Ehegefährten untreu zu werden.) Geben Sie also acht, derartige Signale wirklich nur dann auszusenden, wenn Sie es auch so meinen.

DER ERSTE KUSS

Es gibt eine richtige Zeit und einen richtigen Ort für jede Art von Kuß. Küsse unter Freunden oder in der Familie sind selten sexuell aufgeladen: Was hier ausgetauscht wird, sind gemeinhin Luftküsse, angedeutete, von lustig-freundlichen Explosivlauten begleitete Bussis. Sexuelle Intimität ist aber gewöhnlich dann (wenn auch nicht immer) im Spiel, wenn man jemanden auf die Lippen küßt.

Wann gibt man einem Menschen, mit dem man gern eine Beziehung anfangen würde, den ersten Kuß und wie weit darf dieser Kuß gehen? Für jeden, der schüchtern ist und vielleicht schreckliche Angst vor einem Korb hat, kann das ein traumatisches Problem sein. Wenn Sie von Natur aus ein körperbetonter Typ sind – wenn es Ihnen also leicht fällt, andere Menschen freundlich-verbindlich zu berühren, und Sie an Umarmungen und dergleichen gewöhnt sind –, dürfte es Sie überraschen, daß jemand sich überhaupt Gedanken darüber macht, wann und wie er potentielle Partner/innen zum erstenmal küßt. Aber für unzählige, weniger vom Glück begünstigte Menschen ist dies ein Angstthema.

Die beste Methode besteht immer darin, das zu tun, was einem natürlich und richtig erscheint. Wenn Sie jemanden küssen wollen, dann tun Sie's doch! Es kann Ihnen schließlich nichts Schlimmeres passieren, als daß der oder die Geküßte sich Ihren Lippen entzieht – aber vielleicht wird Ihr Kuß ja auch erwidert ...

Wenn Sie Ihren Traummann bzw. Ihre Traumfrau erst seit ein paar Minuten kennen, brauchen Sie ihn/sie auch nicht gleich leidenschaftlich auf den Mund zu küssen, um Ihre Botschaft rüberzubringen. Um Ihre Gefühle mitzutei-

Küsse auf die Innenseite der Oberlippe sind sehr intim und können äußerst erotisierend wirken.

len, dürfte es beispielsweise genügen, seine/ihre Hand zu nehmen und sie ein klein wenig länger als üblich in der Ihren zu halten. Für die meisten Menschen gehört allerdings zum ersten Rendezvous auch ein Abschiedskuß, und so werden Sie Ihren ersten Kuß wohl bei dieser Gelegenheit genießen. Ob daraus nur ein Küßchen auf die Wange oder eine innige Berührung zweier Lippenpaare wird, sollte ganz von Ihren Gefühlen in diesem Augenblick sowie von der Reaktion des anderen abhängen.

Hinweis: Die Frage von HIV-Infizierung und AIDS besprechen wir auf den Seiten 107/8. Vorweg sei aber schon gesagt: Die Virusmengen im Speichel HIV-positiver Menschen sind so gering, daß nach heutigem Wissensstand beim Küssen keine Gefahr einer HIV-Übertragung besteht.

ETIKETTE beim KUSS

Wenn man eine Brille trägt, sollte man die vor dem Kuß abnehmen? Eigentlich nicht – es sei denn, Sie sind beide Brillenträger, was ja zu einem unangenehmen Zusammenstoß Ihrer Verglasungen führen könnte. Es könnte zudem sehr unbeholfen wirken, wenn Sie kurz vor dem ersten, hingehauchten Kuß Ihre Brille abnehmen. Aber ein, zwei Küsse später kann die langsame, entschlossene Geste, mit der Sie nun Ihre Brille beiseite legen, zum sehr effektvollen Signal werden, daß Sie es jetzt aber wirklich ernst meinen.

Sobald Sie dann die Präliminarien hinter sich haben und sich schon ganz wohl miteinander fühlen, können Sie fortfahren mit:

- Langsameren, ausführlicheren Küssen.
- Festeren Küssen, bei denen Lippe gegen Lippe reibt.
- Feuchteren Küssen (sie sind besonders erotisch).
- »Zungenküssen«, bei denen der eine dem anderen die Zunge in den Mund steckt.

Zungenküsse

Es steht nirgendwo geschrieben, daß man seinem Partner beim Küssen die Zunge in den Mund stecken muß. Das hängt davon ab, was einem am meisten Lust bereitet, und natürlich auch von der Eigendynamik des Kusses. Aber wenn Sie beim anderen nur den geringsten Ekel, irgendein

Zurückweichen spüren, sollten Sie Ihre Zunge besser wieder zu sich nehmen. Dann haben Sie wohl die Begeisterung überschätzt, die er/sie für Sie empfindet.

Zungenküsse wollen gelernt sein (siehe Seite 100/14). Lassen Sie es also nicht bei dem bewenden, was man gemeinhin »jemandem die Zunge in den Hals stecken« nennt. Versuchen Sie, den ganzen Mund ihres Geliebten zu erkunden – vorausgesetzt, daß er oder sie das willkommen heißt. Abschließend noch zwei wichtige Etiketteregeln:

- Vermeiden Sie heftige Schlürfgeräusche, wenn Sie jemanden küssen – vor allem bei den ersten Malen. Das klingt lächerlich, besonders für die eventuellen Ohrenzeugen.
- Achten Sie darauf, daß Sie einen reinen Atem haben. Mundgeruch beim ersten Kuß hat schon mehr Beziehungen im Keim erstickt als irgend etwas anderes. Zähneputzen, ein gutes Mundwasser und regelmäßige Zahnarztbesuche werden Ihnen helfen, das Gespenst des schlechten Atems zu bannen. Wenn Sie sich Sorgen über möglichen Mundgeruch machen, fragen Sie Ihre/n beste/n Freund/in.

Übrigens, wenn Sie mit Ihrer neuen Flamme im Restaurant zu Abend essen und, beispielsweise, gefragt werden, ob Sie ein Knoblauchbrot oder dergleichen nehmen – »Wenn du nicht, dann ich auch nicht« –, ist das ein guter Hinweis, daß Ihre Flamme an kommende Küsse denkt.

und gleich beim ersten Rendezvous ins Bett?

Nun, das hängt von Ihnen beiden ab. Die Statistiken zeigen, daß sehr viele Männer und Frauen das tun – vor allem, wenn sie unter Alkoholeinfluß stehen. Auch die simple Tatsache, in Urlaub zu sein, scheint viele Menschen dazu zu verleiten, schon bei der ersten Verabredung miteinander zu

Schlingen Sie beim »französischen Kuß« mal Ihre Zungen umeinander – ein sehr erotisches Gefühl.

schlafen. Aber als Arzt muß ich ganz offen sagen, daß ich es für äußerst unklug halte, sich mit jemand auf Sex einzulassen, den man eben erst kennengelernt hat; das gilt für Frauen und Männer gleichermaßen. Denn schließlich dürften Sie zu diesem Zeitpunkt nur sehr wenig von diesem Menschen wissen. Möglicherweise ist er/sie:

- Ein Psychopath (unwahrscheinlich).
- Verheiratet (was, wenn der Ihnen noch unbekannte Ehepartner die Szene betritt?).
- HIV-infiziert (siehe Seite 107/8).
- Mit einer anderen, sexuell übertragbaren Krankheit behaftet, mit Herpes zum Beispiel (besonders wahrscheinlich bei Urlaubsromanzen).

Wenn Sie sich dennoch dazu entschließen, sollten Sie auf jeden Fall ein Kondom benutzen (die männliche oder die weibliche Variante).

das erste Mal miteinander schlafen

Ob schon bei Ihrer ersten Verabredung oder nicht, irgendwann wird es wohl so weit sein, daß Sie beschließen, zusammen ins Bett zu gehen. (Das ist natürlich nicht wörtlich gemeint, man kann ja auch am Strand, auf dem Autorücksitz oder sonstwo miteinander schlafen.)

So ein erstes Mal verläuft oft recht unglücklich und hinterläßt dann bei einem oder allen Beteiligten Trauer oder Enttäuschung. Das ist besonders wahrscheinlich, wenn einer der beiden vor dieser Episode noch jungfräulich war: Der Verlust der Jungfräulichkeit ist für die meisten Menschen mit unbefriedigenden Erfahrungen verbunden.

Folgende Ratschläge möchte ich Ihnen daher in bezug auf Etikette, Hygiene und medizinische Sicherheit unbedingt ans Herz legen:

- Vermeiden Sie unter allen Umständen, es zu diesem ersten Mal kommen zu lassen, wenn Sie betrunken sind und damit Ihr Urteilsvermögen getrübt

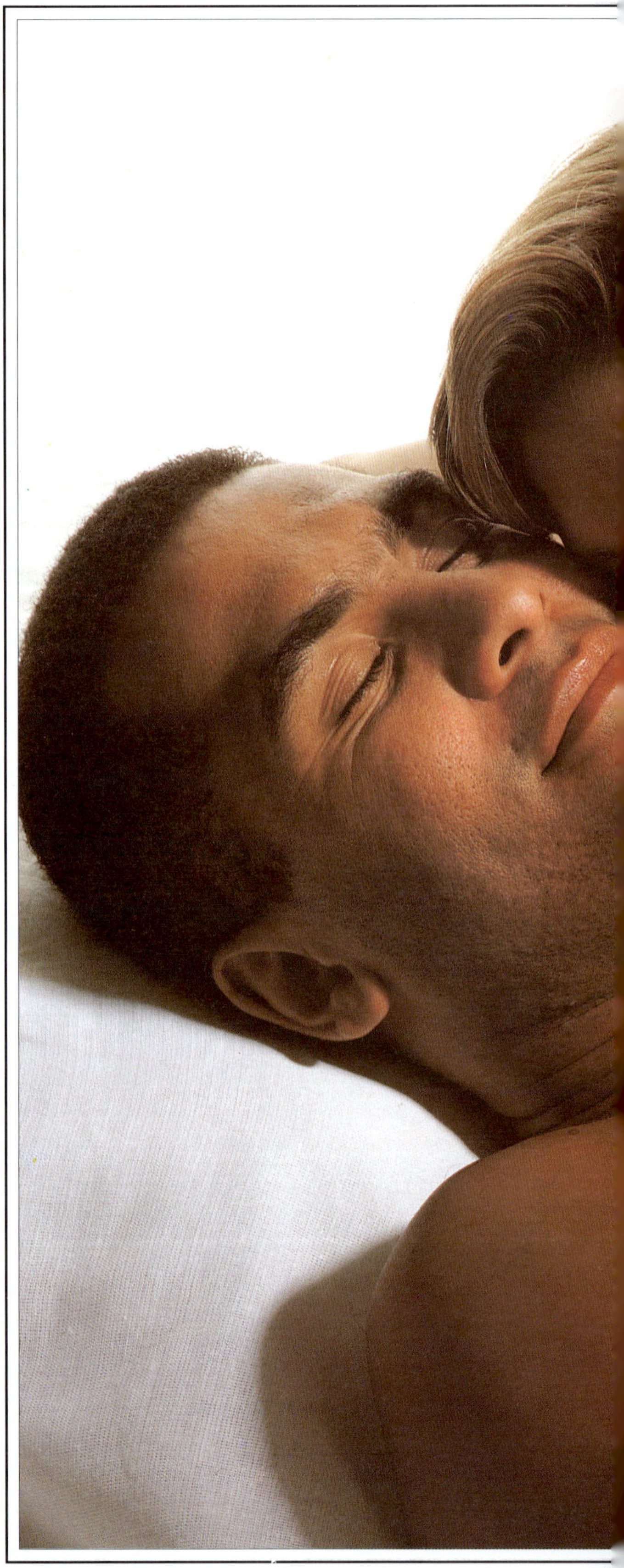

Das erste Mal zusammen im Bett: Am wichtigsten sind dabei Zärtlichkeit, Verständnis und Humor.

ist (auch wenn natürlich ein Gläschen zur Entspannung niemandem schadet).

- Gehen Sie es ganz entspannt an, dieses erste Mal, und überstürzen Sie nichts.
- Wenn es für einen von Ihnen das allerallererste Mal ist, sollte er das nicht verschweigen, damit der andere gewarnt ist und sanfter und rücksichtsvoller sein kann, als er es sonst eventuell wäre.
- Nehmen Sie sich viel Zeit fürs Vorspiel – dehnen Sie es, wenn möglich, bis zu einer halben Stunde oder mehr aus.
- Wenn einer von Ihnen nervös ist, sollte er das vor dem anderen zugeben.
- Seien Sie nicht überrascht, wenn Sie ein Scheidengleitmittel benötigen. Beim ersten Koitus mit einem neuen Partner haben viele Frauen eine sehr trockene Vagina – vor allem, wenn das Vorspiel eher knapp und oberflächlich ausfällt.
- Als Frau sollten Sie darauf gefaßt sein, daß Ihr neuer Partner aus Angst und Unsicherheit seine Erektion verliert. Denken Sie daran, ihm bei deren Wiederlangung zu helfen, indem Sie seinen Penis streicheln oder mit dem Mund stimulieren.
- Setzen Sie sich und Ihren Partner nicht mit allzugroßen Orgasmuserwartungen unter Druck. Bis es für beide so richtig schön wird, braucht es normalerweise Zeit, und wenn Sie gar nicht erst erwarten, daß beim ersten Mal die »Erde bebt«, können Sie auch nicht enttäuscht werden.
- Als Frau könnten Sie große Schwierigkeiten haben, in der »ersten Nacht« zu kommen. Sprechen Sie das ruhig aus, wenn Ihnen danach ist – und sagen Sie Ihrem Liebhaber, daß Sie, wenn notwendig, lieber auf eine andere Gelegenheit zu einem Orgasmus warten.
- Benutzen Sie unbedingt ein Kondom, schon um keine HIV-Infektion zu riskieren.

wie sag ich das mit dem Kondom?

Warum benutzen immer noch zu wenige Paare Kondome? Weil es ihnen peinlich ist, dieses Thema überhaupt zur Sprache zu bringen. Das ist wirklich der helle Wahnsinn. Heutzutage sollte man in jeder neuen Beziehung Kondome benutzen, schon allein aus gesundheitlichen Gründen. Ich werde immer dafür plädieren, daß Männer und Frauen sich immer Kondome einstecken, wenn sie hoffen oder glauben, den Abend mit jemandem im Bett zu beschließen.

Das Kondom für den Mann (über das für die Frau spreche ich gleich noch) beansprucht so gut wie keinen Platz, und die berühmte »Dreierpackung« ist problemlos in jedem Geldbeutel, jeder Brief-, Jacken- oder Hosentasche unterzubringen.

Leider sind viele – vor allem ungebildete – Leute noch immer geneigt, eine Frau mit Präservativen in der Handtasche für ein Flittchen zu halten. Das ist nichts als ein bösartiges, aber schwer ausrottbares Vorurteil.

Ermutigend ist allerdings, daß inzwischen eine wachsende Zahl von Jugendlichen (weiblich wie männlich) Kondomen sehr unbefangen gegenübersteht und ohne falsche Scham das Angebot von Apotheken, Drogerien und Supermärkten nutzt – wenn auch mit gewissen lokalen und regionalen Unterschieden.

Aber gehen wir einmal davon aus, daß einer von Ihnen Präservative dabei hat: Irgendwann kommt dann der für viele so unsagbar peinliche Moment, in dem man damit herausrücken muß, daß man ein Kondom benutzen will oder sollte. Es wäre natürlich am besten, wenn Sie, sofern irgend möglich, die Themen AIDS, Safer Sex und Kondome schon lange vor dem entscheidenden Augenblick besprechen würden, wo die Leidenschaft die Oberhand gewinnt und vielleicht jeden vernünftigen Gedanken verdrängt.

Nach meiner Überzeugung sollten der Mann und die Frau sich schon sehr früh darauf einigen, Safer Sex zu praktizieren. »Safer Sex« ist heute ein weithin akzeptiertes Konzept, kein vernünftiger Mensch dürfte daher auf einen entsprechenden Wunsch mehr gekränkt reagieren. Gemeint sind alle sexuellen Aktivitäten, bei denen es nicht zu einem Austausch von Samen- und Scheidenflüssigkeit oder infiziertem Blut kommen kann; Küssen und Masturbieren, beispielsweise, sind safe, sind okay.

das weibliche Kondom

Das Kondom für die Frau, in der Schweiz schon länger unter dem Markennamen »Femidom« bekannt, kam Ende

1993 in Deutschland auf den Markt. Es gibt noch keine groß angelegten Untersuchungen zu dessen Effektivität. Es bietet aber zumindest einen gewissen Schutz vor AIDS und gibt der Frau ein Stück Unabhängigkeit in der Frage des (Selbst-)Schutzes.

Es hat die Form eines kleinen, länglichen Beutels, besteht aus Polyurethan und darf, wie das männliche Kondom, nur einmal benutzt werden. Es wird vor dem Koitus von der Frau (oder dem Mann) in die Scheide eingeführt. (Ein Vorteil des weiblichen gegenüber dem männlichen Kondom besteht genau darin, daß es schon lange vor dem Liebesspiel plaziert werden kann.)

Hinweis. Der Mann muß sehr sorgfältig darauf achten, daß er seinen Penis auch wirklich in dieses Kondom steckt – und nicht etwa daneben in die ungeschützte Scheide.

SO ZIEHT MAN ES ÜBER

Viele Leute wissen gar nicht, wie man ein Kondom benutzt. Das ist sehr gefährlich, denn wenn Sie dabei etwas falsch machen, riskieren Sie a) eine ungewollte Schwangerschaft und b) eine unbeabsichtigte Infektion oder c) beides. Wenn Sie noch keine Erfahrung mit Kondomen haben, wäre eine kleine Trockenübung vor dem Ernstfall sehr hilfreich.

Also, wie wird ein Kondom nun richtig gehandhabt? Ein Kondom (oder »Pariser«, »Präser«, wie es häufig auch heißt) ist einfach ein dünner Gummischlauch, der langsam entrollt und dabei auf den steifen Penis gestreift wird. Es ist zwecklos, das an einem schlaffen Penis zu versuchen! Sie

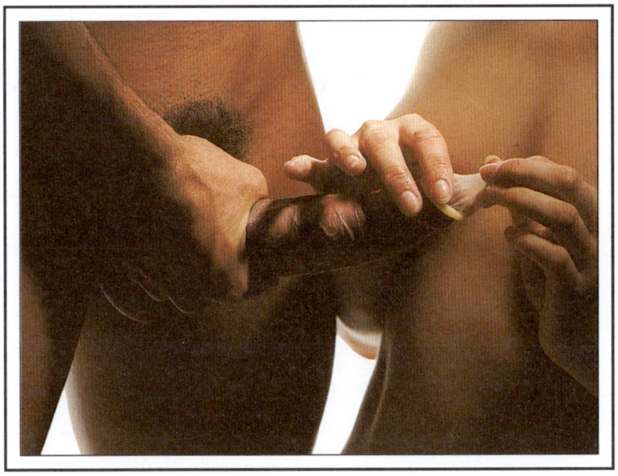

Sie drücken die Luft aus dem Reservoir und streifen das Kondom auf die Spitze des Penis.

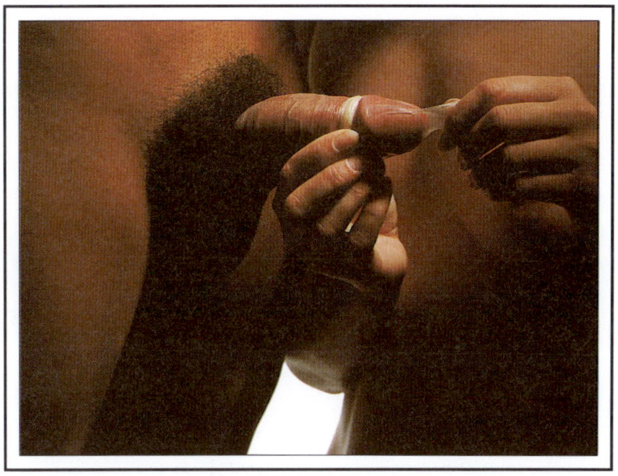

Rollen Sie es langsam auf den Penis ab – aber Vorsicht mit spitzen Fingernägeln oder Ringen!

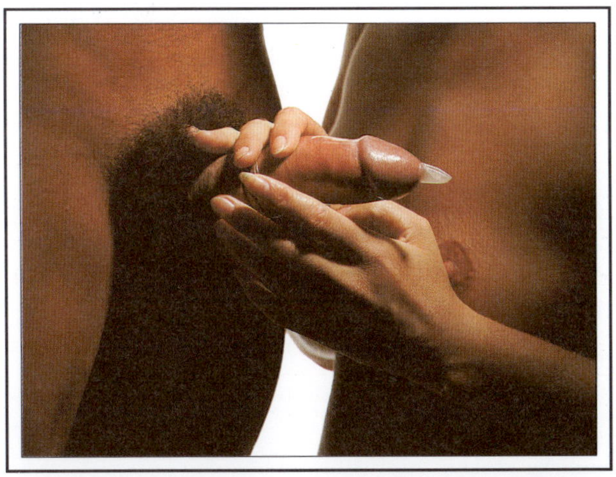

Entrollen Sie das Kondom weiter – wenn der Penis dabei schlaffer wird, massieren Sie ihn kurz!

Prüfen Sie, ob es bis zur Peniswurzel reicht und gut sitzt, bevor Sie miteinander schlafen.

müssen es vor dem Koitus überziehen und dürfen auf keinen Fall der – verständlichen – Versuchung nachgeben, das auf später zu verschieben. Häufig dringt der Mann mit seinem Penis erst mal für eine Zeit in die Vagina der Frau ein und zieht ihn danach wieder heraus, um sich für den krönenden Abschluß das Kondom überzuziehen. Das ist natürlich hochgefährlich, da Sie dabei sowohl eine Infektion als auch eine Schwangerschaft riskieren – der Mann gibt ja schon vor der Ejakulation Samenflüssigkeit ab und kann so die Frau ungewollt schwängern. Praktisch gehen Sie nun folgendermaßen vor, und zwar Schritt für Schritt:

1 Öffnen Sie eine frische Packung (Haltbarkeitsdatum!).
2 Nehmen Sie das Kondom heraus und achten darauf, daß Sie es nicht mit den Fingernägeln oder Ihrem Schmuck beschädigen. Lassen Sie es noch zusammengerollt und legen Sie es in greifbare Nähe.
3 Begehen Sie nicht den häufigen Fehler, es aufzublasen, um es auf eventuelle Löcher zu überprüfen – das könnte das Kondom überdehnen.
4 Wenn beide zum Koitus bereit sind – und der Penis richtig steif ist –, legt sich Mann auf den Rücken.
5 Nun nimmt er (oder sie) das Kondom, drückt mit Daumen und Fingern die Luft aus dem kleinen Zipfel (Reservoir) vorn an der Spitze, damit der später die Samenflüssigkeit aufnehmen kann.
6 Rollen Sie das Kondom vorsichtig mit den Fingern auf den steifen Penis auf.
7 Jetzt können Sie beruhigt miteinander schlafen.

SO NIMMT MAN ES AB

Viele Paare nehmen nach dem Beischlaf das Kondom falsch ab – und riskieren damit wiederum eine Infektion oder Schwangerschaft.

Es kommt darauf an, daß die Samenflüssigkeit nicht am Ende doch noch auf die Vulva oder in die Vagina gelangt. Wenn der Mann einige Zeit nach der Ejakulation einfach den Penis aus der Schiede zieht, kann das Kondom zum Teil oder gar vollständig herunterrutschen, ja sogar in der Scheide hängen bleiben.

Das können Sie so verhindern: Kurz nach seinem Orgasmus und solange der Penis noch einigermaßen steif ist, langt der Mann mit einer Hand zur Scheide hinunter und hält das Kondom mit zwei Fingern an seiner Peniswurzel fest. Dann zieht er den Penis samt Präservativ sacht aus der Vagina.

Wenn Sie das nicht bald nach der Ejakulation tun, könnte ein Teil des Spermas aus dem – mit abschlaffendem Penis – ja zusammenfallenden Kondom in die Scheide laufen. Sobald Sie Ihren Penis draußen haben, streifen Sie den Gummi ab, knoten das offene Ende zu und legen ihn zur Seite.

Da aber Ihr Glied – und möglicherweise auch Ihre Finger – noch mit Samenflüssigkeit behaftet sind, sollten Sie die erst gründlich waschen, bevor Sie damit erneut in die Nähe der Vagina kommen.

Probleme mit dem Kondom

Die Paare, die Präservative verwenden, klagen im wesentlichen über zwei Probleme:

- »Bei meinem Mann funktioniert das nicht.« Was meist bedeutet, daß sein Glied schlaff wird, sobald er ein Kondom aufzustreifen versucht. Das läßt sich dadurch beheben, daß die Frau ihm den Gummi überzieht, und zwar sexy: Sie streichelt ihm dabei den Penis und lenkt ihn mit erotischen Anspielungen ab. Männer mögen das.
- Das Kondom platzt oder rutscht ab. Manchmal reißen diese Präservative tatsächlich, obwohl sie vom Hersteller strengen Belastungstests unterzogen werden (»elektronisch geprüft«). Sehr viel häufiger passiert es, daß sie versehentlich abrutschen; aber wenn Sie sich an die geschilderte Technik halten, dürfte das die Ausnahme bleiben.

Wenn Ihnen aber mal ein Kondom platzt, ist Eile geboten, um eine Schwangerschaft auszuschließen. Die »Pille danach« (»Morning-after-pill«) hat, wenn sie innerhalb von 48 Stunden nach dem Koitus eingenommen wird (bei 2 × 2 Tabletten die ersten beiden höchstens 48 Stunden danach und die übrigen zwei dann 12 Stunden später), eine Erfolgsrate von 96–99 Prozent. Die Frau kann sich aber auch eine Spirale (Intrauterinpessar) einsetzen lassen, die –

wenn das innerhalb von fünf Tagen geschieht – mit nahezu hundertprozentiger Wahrscheinlichkeit die Einnistung einer befruchteten Eizelle in der Gebärmutter und damit eine Schwangerschaft verhindert. Eine kurze Darstellung der Verhütungsmethoden finden Sie auf Seite 138/9.

SEX IM AIDS-ZEITALTER

1984 schon wagte ich die Prognose, die 90er Jahre würden, sexuell gesehen, als das »Nervöse Jahrzehnt« in die Geschichte eingehen. Das hat sich auch bewahrheitet, obwohl leider eine Minderheit der sexuell aktiven Bevölkerung noch immer nicht so nervös und vorsichtig ist, wie sie es eigentlich sein sollte. In den »Swinging Sixties« hatten die Menschen vor allem vor ungewollten Schwangerschaften und sexuell übertragbaren Krankheiten Angst. Diese Krankheiten waren aber kaum lebensgefährlich. Wirklich begründete Angst müßten die Menschen aber heute haben, sich mit HIV (Humanes Immunschwächevirus) zu infizieren und an AIDS zu erkranken, denn dagegen ist bislang noch kein Kraut gewachsen.

WAS IST AIDS?

»AIDS« ist die Abkürzung für »Acquired Immune Deficiency Syndrome« (erworbene Immunschwächekrankheit). AIDS greift also das Immunsystem des Körpers an – und schwächt oder zerstört seine Fähigkeit, sich gegen Infektionen zu wehren.

Nach fast einhelliger ärztlicher Meinung wird AIDS durch das HIV verursacht. Es gibt aber einige Wissenschaftler – und Journalisten –, für die das alles andere als bewiesen ist. Sie stützen sich auf die beunruhigende Tatsache, daß dieses Virus im Blut einiger weniger Patienten, die an AIDS-ähnlichen Erkrankungen litten, nicht nachzuweisen war. Erwähnenswert ist auch, daß sich inzwischen verschiedene Varianten des HIV-Virus herausgebildet haben.

Wer das Unglück hat, sich mit HIV zu infizieren, spürt davon vermutlich jahrelang nichts. Er ist aber meist dennoch infektiös, kann also mit recht hoher (wenn auch nicht hundertprozentiger) Wahrscheinlichkeit das Virus auf seine Sexualpartner/innen übertragen.

Nach einem Zeitraum von bis zu acht Jahren kommt es dann wahrscheinlich (aber nicht immer) zur Ausbildung von AIDS – mit Symptomen wie Durchfall, Fieber, Lymphknotenschwellungen, Lungenentzündung und anderen lebensbedrohlichen Infektionen sowie Hautkrebs (Kaposi-Sarkom). Bislang ist AIDS nicht heilbar, und es gibt auch keinen Impfstoff gegen HIV. Angesichts einer so fürchterlichen Krankheit, die eine wachsende Zahl von Opfern fordert, ist Geschlechtsverkehr mit häufig wechselnden Partnern offensichtlich keine gute Idee.

FAKTEN ZUM HIV

Wenn das Virus ins Blut eines Menschen gelangt, zerstört es dessen weiße Blutkörperchen, die bei der Körperabwehr gegen Infektionen und Krebs eine wichtige Rolle spielen. Es gibt im wesentlichen drei Wege der HIV-Übertragung: von der Mutter zu ihrem ungeborenen Kind; bei Drogenabhängigen durch gemeinsame Benutzung infizierter Nadeln und Spritzen; beim ungeschützten Geschlechtsverkehr (vaginal oder, insbesondere, anal).

Das Virus ist in allen Körperflüssigkeiten des Infizierten zu finden (selbst in den Tränen) und kann durch Blut, Samen- und Scheidenflüssigkeit übertragen werden. Daher wird heute auch die Benutzung von Kondomen (gleichgültig, ob Männer- oder Frauenkondome) und deren richtiger Gebrauch (siehe oben) so nachdrücklich empfohlen.

RISIKOGRUPPEN

Wie können Sie nun feststellen, ob jemand, mit dem Sie sich auf eine sexuelle Beziehung einlassen möchten, HIV-infiziert ist oder nicht? Ansehen können Sie es ihm/ihr jedenfalls nicht. Er/sie weiß es vielleicht selber nicht – auch wenn er/sie sich schon viele Jahre zuvor angesteckt hat. Da aber bei bestimmten Gruppen eine höhere statistische Wahrscheinlichkeit besteht, Träger des HIV zu sein, wären Sie schlecht beraten, mit jemandem aus einer solchen »Risikogruppe« ins Bett zu gehen, bevor Sie nicht die relevanten Fakten seines/ihres früheren und heutigen Sexuallebens kennen oder Ihr/e Partner/in einen HIV-Test gemacht hat. Diese Gruppen sind:

- Konsumenten von Injektionsdrogen wie Heroin (nicht Junkies, die Drogen wie Ecstasy oder Haschisch lediglich rauchen oder essen).
- Homosexuelle oder bisexuelle Männer (nicht lesbische Frauen).
- Bluter (sie könnten, insbesondere vor Einführung von HIV-Tests, mit infizierten Blutkonserven behandelt worden sein).
- Menschen, die, gleichgültig wie lange, in bestimmten Risikoregionen gelebt und dort eventuell Sexualkontakte gehabt haben. Zu diesen gefährlichen Gebieten gehören beispielsweise ganz Zentralafrika, New York, San Francisco, Haiti und Edinburgh, wo mehr als 1 Prozent der jungen Männer HIV-positiv sind. Die hohen HIV-Raten dieser Gebiete sind auf die dort weit verbreitete Praxis des ungeschützten Sex, auf mangelnde Aufklärung und konfessionelle Kampagnen gegen Kondome, auf Armut, katastrophale medizinische Versorgung (vor allem in Afrika) und einen hohen Fixer- und Homosexuellenanteil (vor allem in Großstädten) zurückzuführen.
- Menschen mit häufig wechselnden Sexualpartnern.

ETIKETTE: HIV-TEST

Bei unseren Erhebungen im Großbritannien der »Nervösen Neunziger« meinten relativ viele der Befragten, man sollte mit neuen Partner/innen erst dann ins Bett gehen, wenn die sich einem HIV-Test unterzogen haben. Das wäre natürlich eine gute Vorsichtsmaßnahme. Aber so plausibel dieser Wunsch auf den ersten Blick auch erscheinen mag:

- Wenn man keinen wirklich triftigen Grund für einen HIV-Test angeben kann, ist es ziemlich schwierig – und teuer –, ihn verordnet zu bekommen.
- Viele Menschen wären zutiefst gekränkt, wenn man/frau so einen Test von ihnen verlangte.

Dennoch sollten Sie unter bestimmten Umständen aus ureigenstem Interesse auf der Testdurchführung bestehen:

- Wenn Ihr künftiger Partner (ob Mann oder Frau) Fixer ist oder war.
- Wenn er ein männlicher Bisexueller ist.
- Bei Blutern (oder sehr, sehr selten: Bluterinnen).
- Wenn er oder sie in einer der oben genannten (oder anderen) Risikoregionen gelebt hat.
- Wenn er oder sie schon mit sehr vielen ins Bett gegangen ist.

Denken Sie aber immer daran: Ein negatives Testergebnis (»keine HIV-Antikörper im Blut«) schließt leider nicht aus, daß jemand sich zwar kurz vor dem Test infiziert, aber noch keine Anzeichen seiner Ansteckung entwickelt hat. Während der Inkubationszeit – sie reicht vom Moment der Infektion bis zum Auftauchen von Antikörpern im Blut und dauert möglicherweise mehrere Monate – kann der/die Betroffene aber bereits andere anstecken.

AB WANN OHNE KONDOM?

Einige der Befragten hielten einen HIV-Test bei beiden Partnern für erforderlich, wenn diese an einem gewissen Punkt ihrer Beziehung beschließen, von nun an keine Kondome mehr zu benutzen. Diesen Wunsch zu realisieren kann, wie gesagt, sehr schwierig sein, ist aber auf jeden Fall dringend anzuraten, wenn einer der beiden zu einer der erwähnten Risikogruppen gehört.

Für die Entscheidung, ab wann man auf Kondome verzichten darf, kann ich Ihnen leider keine medizinischen Richtlinien nennen. Aber gibt es dafür wenigstens ein paar Etiketteregeln? Jedenfalls hat dieser Entschluß eine solche Tragweite, daß man ihn nur gemeinsam treffen sollte – es wäre also völlig unangemessen, wenn der Mann irgendwann für sich beschließen würde, von nun an kein Präservativ mehr zu benutzen, und dann seine Partnerin gegen deren besseres Wissen drängen würde, das zu akzeptieren.

Ob Sie nun die Weiterbenutzung von Kondomen für richtig halten oder nicht – entscheidend ist, daß Sie das Thema sehr sorgfältig mit Ihrer Partnerin bzw. Ihrem Partner besprechen. Und wenn Sie zwar kein Präservativ verwenden, aber auch nicht versehentlich Nachwuchs bekommen wollen, sollten Sie eben andere Verhütungsmittel nehmen (siehe Seite 138/9). Sobald Sie die Frage mit den Kondomen geklärt haben, können Sie sich wieder den Freuden Ihrer sexuellen Beziehung widmen und lernen, immer bessere Liebhaber/innen zu werden.

Eine feste Beziehung und gegenseitige Treue sind der beste Schutz vor einer HIV-Infektion.

6

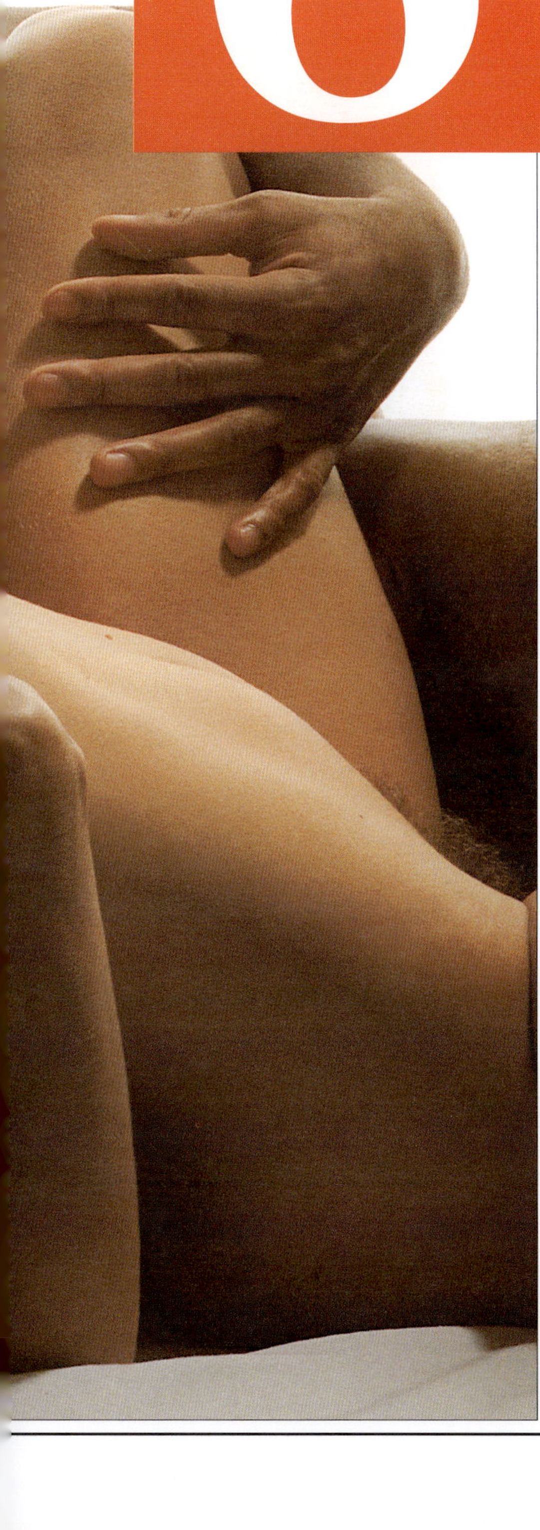

Sex-Etikette für Fortgeschrittene

Es wäre sicher am sinnvollsten, wenn Sie den sexuellen Hintergrund Ihres neuen Partners gut kennen würden – und er den Ihren –, bevor Sie zum ersten Mal zusammen schlafen. Aber im allgemeinen wird erst, wenn eine Beziehung schon recht gefestigt ist, soviel gegenseitiges Vertrauen da sein, daß man wirklich offen zueinander sein kann. Besonders heikel könnte dabei das Thema Ihrer jeweiligen sexuellen Vergangenheit sein, und Sie müssen sich genau überlegen, was und wieviel davon Sie dem anderen erzählen wollen.

Etikette der Offenheit beim Thema Vergangenheit

Ihre »sexuelle Vergangenheit«: Das klingt fast ein wenig verrucht, meint aber einfach die Geschichte Ihres bisherigen Sexuallebens – wie alles anfing, wie Sie Ihre Jungfräulichkeit oder Jungmännlichkeit verloren und was Sie mit Ihren früheren Partnern bzw. Partnerinnen alles im Bett gemacht haben. Zwei Gründe sprechen dafür, daß Sie einander Ihre jeweilige Sexualgeschichte offenlegen:

- Wie schon erwähnt, sollten Sie in unserem AIDS-Zeitalter unbedingt wissen, mit wem der andere früher geschlafen hat – denn nur so können Sie Ihr Risiko in etwa abschätzen, sich bei ihm (oder ihr) mit HIV zu infizieren.

- Bei einer längerfristigen Liebesbeziehung möchten Sie vielleicht vor dem anderen keine Geheimnisse haben.

Diese beiden Argumente wurden bei unserer Erhebung von einigen Befragten unterstützt. Man darf dabei aber die erheblichen Nachteile nicht außer acht lassen, die solch rückhaltlose Offenheit in puncto sexueller Vergangenheit mit sich bringen kann:

- Wenn Sie Namen nennen, könnte das sehr unfair gegenüber Ihren früheren Partnern bzw. Partnerinnen sein, die eventuell zu Recht glaubten, daß Sie die gemeinsame Beziehung vertraulich behandeln.
- Wenn Ihre neue Beziehung nicht von Dauer sein sollte, haben Sie sich mit Ihrer Offenheit jemandem in die Hand gegeben, der die Informationen über Ihr früheres Sexualleben möglicherweise mißbraucht, was ja durchaus vorkommt.
- Vielleicht kommt der andere auch mit dem, was er zu hören bekommt, seelisch nicht zurecht. Vor allem Männer reagieren oft schlecht, wenn ihnen die Frau, mit der sie etwa eine Familie gründen wollen, von ihrem einst sehr aktiven Sexualleben und ihren vielen früheren Liebhabern berichtet. Ein unerfahrener Mann findet eventuell die Vorstellung ganz unerträglich, daß seine Partnerin sehr viel mehr Geliebte hatte als er.
- Die Menschen zeigen manchmal überraschende Reaktionen, wenn sie mit der Vergangenheit ihres Partners konfrontiert werden. Einige erregt es sehr, wenn sie von dessen früheren Erfolgen hören. Bei anderen schlägt aber die anfängliche Erregung bald in alle möglichen Unsicherheiten um. Männer sagen beispielsweise gern: »Erzähl mir alles über seinen Penis – war er größer als meiner?« Wenn sie das schließlich bestätigt bekommen, fühlen sie sich oft sexuell minderwertig.
- Dann gibt es noch das Problem der Eifersucht (darüber sprechen wir gleich ausführlicher). Sie riskieren jedenfalls, Ihren Partner ernstlich eifersüchtig zu machen, wenn Sie ihm (oder ihr) von früheren Bettfreuden erzählen. Und dies besonders dann, wenn Ihr jetziger Partner Ihren früheren Liebhaber kennt.

Gehen Sie mit diesem Thema also ganz nach Ihrem Gutdünken um – offen, wenn Sie wollen, aber mit Bedacht, denn was Sie einmal gesagt haben, können Sie nie mehr zurücknehmen.

ETIKETTE der EIFERSUCHT

Um diesen Gedanken weiterzuführen: Versuchen Sie, wenn möglich, Ihre Beziehung von zerstörerischen Eifersuchtsgefühlen freizuhalten. Eine einmal entfesselte Eifersucht kann jede Ehe oder sexuelle Bindung zugrunde richten. Sie läßt den Menschen alle Dinge verzerrt wahrnehmen und kann ihn zu irrationalen Gewalttaten anstacheln.

Auch wenn die Eifersucht auf die Gefühle des/der Geliebten für Dritte bis zu einem gewissen Grad normal ist, sollten Sie in Ihrer sexuellen Beziehung zwei Dinge tun:

- Hüten Sie sich vor übertriebener Eifersucht. Grübeln Sie nicht herum, wenn »Ihre Partnerin« (der weibliche Begriff steht hier und im folgenden zur Abwechslung mal für beide Geschlechter!) auf der Straße andere Menschen interessiert anschaut oder im Bett über sie phantasiert. Es ist schlechter Stil, sie zu fragen, ob ihr jemand anderes gefalle, und sie ständig über alle Einzelheiten ihres Tagesablaufs auszufragen.
- Geben Sie Ihrer Partnerin keinen Anlaß zur Eifersucht. Es ist genauso schlechter Stil, ihr zu erzählen, daß Sie beim gemeinsamen Liebesspiel über andere sexuell phantasieren – es sei denn, sie möchte das unbedingt von Ihnen hören. Aber überlegen Sie sich genau, ob sie damit auch wirklich fertig wird – bevor Sie den Mund aufmachen!

Wenn Sie meinen, daß sich bei Ihnen die (gegenseitigen) Vorwürfe von Untreue oder die von Eifersucht geprägten, übermäßig besitzergreifenden Verhaltensweisen häufen, dann sollten Sie sich Ihre Beziehung einmal genauer ansehen. Gibt es denn wirklich Gründe für diese Eifersucht? Oder liegt es einfach daran, daß Ihr Verhältnis von Routine und Langeweile überwuchert ist. Wenn Sie im Bett miteinander nicht mehr denselben Spaß haben wie früher, ist vielleicht Ihre Beziehung in Gefahr, ist es eventuell höchste Zeit, daß Sie etwas für Ihr Liebesspiel tun.

ETIKETTE des KÜSSENS

Wenn Sie mit jemandem eine sexuelle Beziehung beginnen, sollten Sie die folgenden fünf Kußregeln beherzigen:

1 *Küssen Sie, so oft Sie können*

Viele Frauen, und ein paar Männer, beklagen sich darüber, daß »ihr Partner« (nun soll der männliche Begriff wieder eine Zeitlang für beide Geschlechter stehen) sie zu selten küsse.

»Er will immer nur das Eine und hat keine Lust, mich vorher auch nur einmal zu küssen« lautet eine häufige weibliche Beschwerde. Solche Klagen sind typisch für Beziehungen, die schon lange bestehen und bei denen (vielleicht) der eine die Gegenwart des anderen als ein bißchen zu selbstverständlich hinnimmt.

Aber vergessen Sie nicht:

Für Ihren Partner sind Ihre Küsse vielleicht der beste Beweis Ihrer Liebe – und deren Ausbleiben ein Indiz für das Gegenteil.

2 *Küssen Sie den ganzen Körper*

Beschränken Sie sich nicht auf die Lippen – küssen Sie jede erdenkliche Körperstelle: den Nacken, die Brüste, die Achselhöhlen, den Bauchnabel, die Scham: alles. Fast alles. Im Prinzip darf man jede, auch die verschwiegenste Falte und Spalte des Körpers küssen – außer dem After. Nach neuesten medizinischen Forschungen birgt der Analkuß, bei dem man meist mit der Zunge den After des Partners umkreist, für den Küssenden eindeutig ein Gesundheitsrisiko, das man besser nicht eingehen sollte.

3 *Ersticken Sie Ihren Partner nicht*

Manche Menschen fühlen sich bedroht, wenn zwei große, feuchte Lippen sich über ihren Mund (womöglich auch noch die Nase) stülpen, so daß sie fast keinen Schnaufer mehr tun können. Lassen Sie sich von dem leiten, was Ihr Partner zu mögen scheint!

4 *Achten Sie das Tabu*

Es gibt Frauen, die froh und vergnügt mit einem Mann schlafen, sich aber um nichts auf der Welt auf den Mund küssen lassen wollen. Dieses interessante Phänomen

Ein Kuß auf den Ohransatz ist eine sehr romantische und erotische Art, die Geliebte zu wecken.

könnte man so deuten, daß für diese Frauen der Mund intimer und »eigener« ist als die Vagina. Wenn das auch für Ihre Partnerin zutrifft, müssen Sie wohl damit leben – und hoffen, daß sie es Ihnen eines Tages vielleicht doch erlaubt, sie auf den Mund zu küssen. Aber drängen Sie sie nicht.

5 *Lernen Sie den perfekten Zungenkuß*

Der (französische, tiefe oder) Zungenkuß wurde schon im vorigen Kapitel kurz erwähnt. Er ist eine Kunst, die zu erlernen und zu pflegen sich lohnt, vor allem wenn man im Laufe einer längeren, stabilen Beziehung immer vertrauter wird.

Folgende Varianten sollten Sie ausprobieren:

- Lassen Sie Ihre Zunge zwischen den Zähnen und der Wange Ihres Partners spielen.
- Streicheln Sie mit der Zungenspitze seinen Gaumen.
- Beugen Sie sich verkehrt herum, also Stirn zu Kinn, über Ihren Partner. Fahren Sie ihm mit der Zunge in den Mund, so daß Ihre Zungen einander mit der Oberseite streicheln – ein ungewöhnliches Gefühl!

ETIKETTE des ORGASMUS

Bei unerfahrenen Leuten spielen sich die Orgasmen leicht auf höchst chaotische Weise ab. Wenn aber jemand mehr Erfahrung hat, sollte er (oder sie) auch seinen (oder ihren) Höhepunkt besser kontrollieren können – vor allem wenn man schon länger zusammen ist.

Aber wie das Leben so spielt ... jedenfalls ist es kein Grund zur Sorge, wenn der Mann einfach mal zu früh kommt – oder die Frau einfach mal überhaupt keinen Orgasmus hat.

Leider gibt es aber viele Männer, die sich den Teufel drum scheren, ob sie, für die Bedürfnisse ihrer Partnerin, zu früh kommen. Oder ob die überhaupt kommt! Das ist sehr egoistisch gedacht.

Was wäre denn nun, orgasmusmäßig, ein korrektes Verhalten? Das sollten wir uns für Männer und Frauen jeweils gesondert anschauen.

Männer

Ein Mann sollte seinen Orgasmus einigermaßen lang hinauszuschieben versuchen – außer natürlich in den wenigen

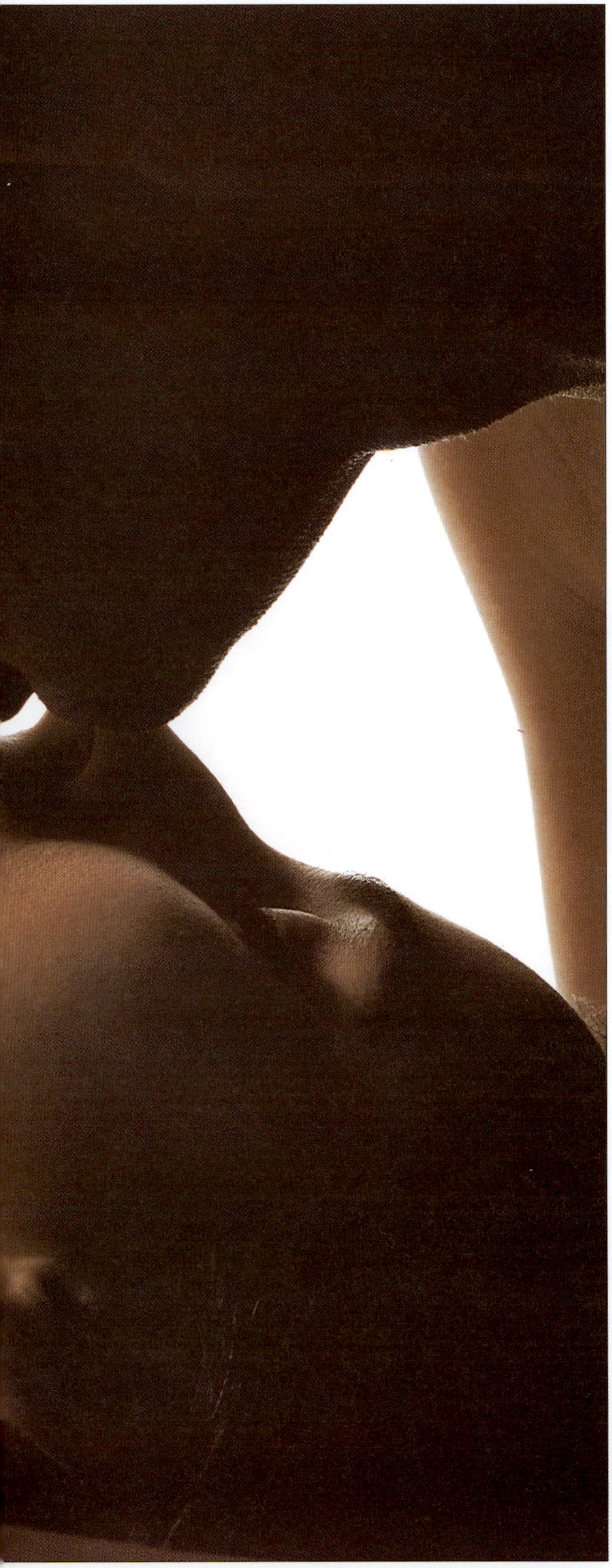

ungewöhnlichen Fällen, wo die Frau etwa sagt: »Heute abend, Liebling, legst du mal so richtig los und nimmst mich so schnell, wie du willst.« (Auch so etwas kommt ja vor.)

Die Männer sollten sich bewußt sein, daß die Frauen von heute sich ein möglichst langes Vorspiel, einen möglichst langen Koitus wünschen. Einige Umfragen legen nahe, daß der durchschnittlichen Frau ein Geschlechtsakt von einer halben Stunde oder länger am liebsten wäre – daß aber die meisten von ihnen vergeblich darauf hoffen.

Aber wie könnte man ihr diesen Wunsch erfüllen? Wenn Sie gut aufeinander eingespielt sind, ist es oft am besten, wenn Sie Ihre Partnerin nach einer Weile fragen, ob Sie noch eine Zeitlang so fortfahren sollen. Wenn sie dann sagt: »Ja, das gefällt mir«, sollten Sie ihr die Liebe tun. Wenn sie aber sagt: »Nein, mach's jetzt«, dann wissen Sie ja, was Sie zu tun haben.

Wenn Sie das wirklich möchten, sollten Sie alles tun, um gleichzeitig zum Orgasmus zu kommen. Aber wie wir schon weiter vorn in diesem Buch gesehen haben, ist das gar nicht leicht zu erreichen. Es sollte Ihnen jedoch eine Herzenssache sein, daß Ihre Partnerin zumindest einen Höhepunkt hat – gleichgültig ob vor oder nach Ihnen. Auch wenn Sie nach der Ejakulation erschöpft sind, sollten Sie nicht einfach einschlafen und Ihre Frau, die noch zwischen Himmel und Hölle schwebt, unbefriedigt sich selbst überlassen. Ob Sie ihr zu mehrfachen Orgasmen verhelfen sollten? Aber gewiß, wenn sie das will; an solchem Tun erkennt man den wahren Gentleman!

Aber Sie sollten auch ihren Wunsch respektieren, wenn sie an einem Abend mal sagt, daß sie eigentlich überhaupt keine Lust habe zu kommen. Denn es macht wirklich wenig Sinn, wenn man versucht, eine Frau gegen ihren Willen, quasi mit Gewalt zum Orgasmus zu bringen.

Frauen

Der beste Rat, den man einer Frau in Orgasmusdingen geben kann, ist ganz einfach: Lassen Sie Ihren Mann wissen, was Sie wollen und wann Sie es wollen.

Es ist natürlich möglich, daß Sie selbst noch gar nicht genau wissen, was Sie wollen, wenn Sie zum erstenmal miteinander ins Bett gehen! Aber wenn die Dinge erst in Fluß gekommen sind, können Sie ihm ja Ihre aufkeimen-

Erotische Stimulierung der besonderen Art: ein »französischer Kuß« – verkehrt herum.

den Wünsche ins Ohr flüstern und ihm sagen, was Ihnen guttut und was Ihre Gefühle und Phantasien aufzuheizen beginnt. So könnte beispielsweise eine erfahrene Frau ihrem Liebhaber sehr wohl so nach und nach nützliche und angenehme Anregungen und Tips der folgenden Art geben:

- »Küsse doch mal meine Klitoris!«
- »Das war war wundervoll – könntest du mich jetzt innen drin streicheln?«
- »Gut – aber jetzt möchte ich dich in mir spüren!«
- »Das ist einfach zu schön . . .«
- »Du, ich kann jeden Moment kommen!«

Am wichtigsten ist aber, daß Sie Ihrem Mann irgendwie signalisieren, daß Sie sich dem Höhepunkt nähern – und wenn Sie ihn wirklich erreichen! Die Männer haben oft erhebliche Schwierigkeiten zu erkennen, wie erregt ihre Partnerin wirklich ist. Und wenn sie nicht der Typ ist, der beim Orgasmus die ganze Stadt zusammenschreit, dann kann er vielleicht tatsächlich nicht sagen, ob sie nun gekommen ist oder nicht. Aus diesem Grund stellen die Männer auch manchmal so seltsame Fragen wie: »Äh . . . bist du glücklich, Schatz?« Um ihm diese Unsicherheit zu nehmen: Schreien Sie (wenn nicht laut, dann leise) oder sagen Sie es ihm, »wenn Sie's haben«.

Und schließlich noch: Dürfen Sie auch masturbieren, um zu kommen? Sicher, das gehört heute schon zum guten Ton. Es gibt zwar Männer, die den Anblick ihrer masturbierenden Partnerin noch nicht so recht verkraften, aber die meisten finden das sogar sehr aufregend.

ETIKETTE des ORALSEX

Oraler Sex ist sehr gefühlsbesetzt. So mancher ekelt sich davor – aber, wie unsere Untersuchung zeigt, genießen es inzwischen sehr viele, einander das Geschlecht zu küssen und zu lecken. Wenn Sie jedoch absolut kein Vergnügen daran finden, haben Sie natürlich das Recht, nein zu sagen. Wenn Sie nämlich – mehr oder weniger – gezwungener-

Signalisieren Sie es ihm, wenn Sie kurz vor dem Orgasmus sind – hörbar, sichtbar, klar.

Ein gekonnter Cunnilingus kann eine Frau so intensiv, so stark stimulieren wie kaum etwas anderes.

maßen mitmachen, wird das Ihrer Beziehung alles andere als guttun.

Oraler Sex ist etwas für Kenner. Einmal gelernt, kann er einem ganz sicher großes Vergnügen, viel Spaß und Befriedigung bereiten. Daher sollte man nicht gleich aufgeben, wenn einen der erste Versuch noch nicht zu Begeisterungsstürmen hinreißt.

Eine wichtige Etikette- und Hygieneregel: Verschieben Sie Ihre intimen Küsse auf später, wenn Sie erkältet sind, einen entzündeten Hals oder sonst eine Mund- oder Naseninfektion haben. Ich sage das vor allem auch aus ästhetischen Gründen – wer möchte sich schließlich von jemandem die Genitalien lecken lassen, dem die Nase läuft? Aber es gibt da auch handfeste medizinische Argumente: Man kann dabei nämlich auch eine Munderkrankung auf die Geschlechtsorgane übertragen. Und vor allem könnte man, wenn man einen Bläschenausschlag auf der Lippe hat, seinen Partner mit Herpes anstecken.

In meiner Kummerkastenpost fand ich kürzlich die folgende, ziemlich überraschende Anfrage eines verliebten, aber etwas bekümmerten älteren Lesers:

> *»Lieber Herr Doktor,*
> *ich brauche Ihren Rat: Soll ich meine falschen Zähne herausnehmen, bevor ich oralen Sex mache?*
> *Mit besten Grüßen . . .«*

Eine delikate Frage – die aber angesichts der wachsenden Zahl älterer Menschen, die heute ein aktives Sexualleben führen, nicht unbeantwortet bleiben darf. Ich meine, daß es ein bißchen unromantisch wäre, wollte man sein Gebiß vor dieser – oder jeder anderen Art – von Sex herausnehmen.

ETIKETTE des CUNNILINGUS

Beim »Cunnilingus« küßt und leckt der Mann das Geschlecht der Frau – der Begriff leitet sich von dem lateinischen Wort für »Zunge« und dem angelsächsischen für »Vulva« ab.

Scheuen Sie sich nicht, Ihrer Partnerin einen Cunnilingus anzubieten – sie ist Ihnen wahrscheinlich sehr dankbar dafür. Sollte Ihr dann aber nicht allzuviel daran liegen, kann sie ja ganz höflich Ihren Kopf von der Vulva mehr nach oben, etwa zu ihrem Bauch, dirigieren.

Ob Sie Ihren Wunsch in Worte kleiden sollen? Nun, manche Männer fragen da gern: »Soll ich dich jetzt mal unten küssen, Liebes?« Ich habe da so meine Zweifel, ob das wirklich nötig ist. Vielleicht ist es besser, einfach damit anzufangen.

Aber stürzen Sie sich bitte nicht gleich auf die Vulva Ihrer Partnerin, vor allem nicht beim ersten Cunnilingus Ihrer Beziehung. Manche Frauen sind verständlicherweise etwas verstört, wenn da plötzlich so ein Kerl seinen Kopf und Mund zwischen ihren Schenkeln vergräbt. Gehen Sie es also langsam an – nähern Sie sich nur allmählich ihrer Vulva, küssen Sie sich Kuß für Kuß über ihre Brüste, ihren Bauch und ihre Scham bis ganz nach unten vor.

Wenn Sie dann ihre Vulva zu küssen beginnen – lassen Sie bitte Ihre Zähne aus dem Spiel, denn die ist ein hochempfindliches Gebiet. Beim Cunnilingus sollte man nur seine Lippen und seine Zunge gebrauchen.

Für Männer ist wichtig zu wissen: Bei manchen Frauen kann der Kitzler (etwa wenn sie schon ein- oder zweimal gekommen sind) überaus empfindlich werden. Wenn Ihre Partnerin Sie also plötzlich von ihrer Klitoris wegstößt, dann ist das vermutlich der Fall. Es ist dann fast, als ob ihre Empfindungen zu stark für sie wären, und Sie sollten ihren Wunsch respektieren.

Was nun die Frau anbelangt, gibt es denn auch für sie ein paar Etiketteregeln, die sie beim Cunnilingus beachten sollte? In der Tat, und zwar folgende:

- Lassen Sie Ihrem Mann genügend Raum zum Atmen! Es ist den Frauen oft nicht bewußt, daß er »da unten« fast ersticken kann, wenn sie ihre Schenkel nicht so weit öffnet, daß er noch ausreichend Luft bekommt.
- Ein Cunnilingus ist für die Zungenmuskeln des Mannes oft sehr anstrengend – sie können ihm nach ein paar Minuten intensiven Küssens sogar richtig weh tun. Seien Sie also nicht beleidigt, wenn er ab und an eine kleine Pause einlegt.
- Lassen Sie die Verbindung zu ihm nicht abreißen (auch wenn Ihre Köpfe weit voneinander weg sind), und lassen Sie es ihn wissen, wenn Sie kurz vor dem Orgasmus sind.
- Sagen Sie ihm auch genau, was er tun soll. Für den normalen Mann ist es beim Cunnilingus ziemlich schwierig, so richtig zu wissen, wo und wie eine Frau ihn gern spüren würde.

ETIKETTE der FELLATIO

Bei einer Fellatio küßt und leckt die Frau das Geschlecht des Mannes. Keine Frau sollte sich scheuen, ihrem Partner eine Fellatio vorzuschlagen: Die meisten Männer mögen das – wenn auch nicht alle, und sei es nur, weil sie fürchten, dabei viel zu schnell zu kommen.

Ob Sie Ihren Wunsch in Worte kleiden sollen? Natürlich, wenn Sie wollen; in angemessener und allgemein annehmbarer Form ließe sich das so erfragen: »Soll ich dich jetzt mal unten küssen?« Aber besser ist es vielleicht – genau wie beim Cunnilingus –, einfach damit anzufangen.

Was ist bei einer Fellatio angenehm und erlaubt? Eigentlich fast alles – vom Küssen und Lecken bis zum richtigen Saugen (dabei nehmen Sie den Penis in den Mund). Aber ein paar Dinge gilt es dabei schon zu beachten:

- Was immer Sie tun, lassen Sie das »Blasen« sein. Für eine Fellatio sagt man zwar umgangssprachlich, »jemandem einen blasen« – aber es ist wirklich gefährlich, in einen Penis hineinzublasen: Das kann zu schlimmen Infektionen führen.
- Beißen Sie nicht in den Penis – Sie könnten ihn bös verletzen!
- Überhaupt: Lassen Sie, soweit wie möglich, Ihre Zähne aus dem Spiel – es ist ganz natürlich, daß Männer in dieser Region Zähne als latente Bedrohung empfinden.

Und nun zu zwei wichtigen Etikettefragen, die alle Kummerkastenonkel und -tanten gestellt bekommen:

1 Sollten Sie ihn in Ihren Mund ejakulieren lassen?
2 Wenn er es getan hat, sollten Sie dann seinen Samen schlucken?

Diesen beiden, eng miteinander zusammenhängenden Themen haben die Frauenmagazine schon viele lange Artikel gewidmet. Aber im Grunde kann ich dazu nur sagen: Das hängt allein von Ihnen ab.

Der Mann wird wahrscheinlich bis ganz zum Schluß in Ihrem Mund bleiben – in Ihren Mund spritzen – wollen. Es gibt aber recht viele Frauen, die es bei dieser Vorstellung einfach ekelt. Wenn das auch für Sie gilt, dann sollten Sie

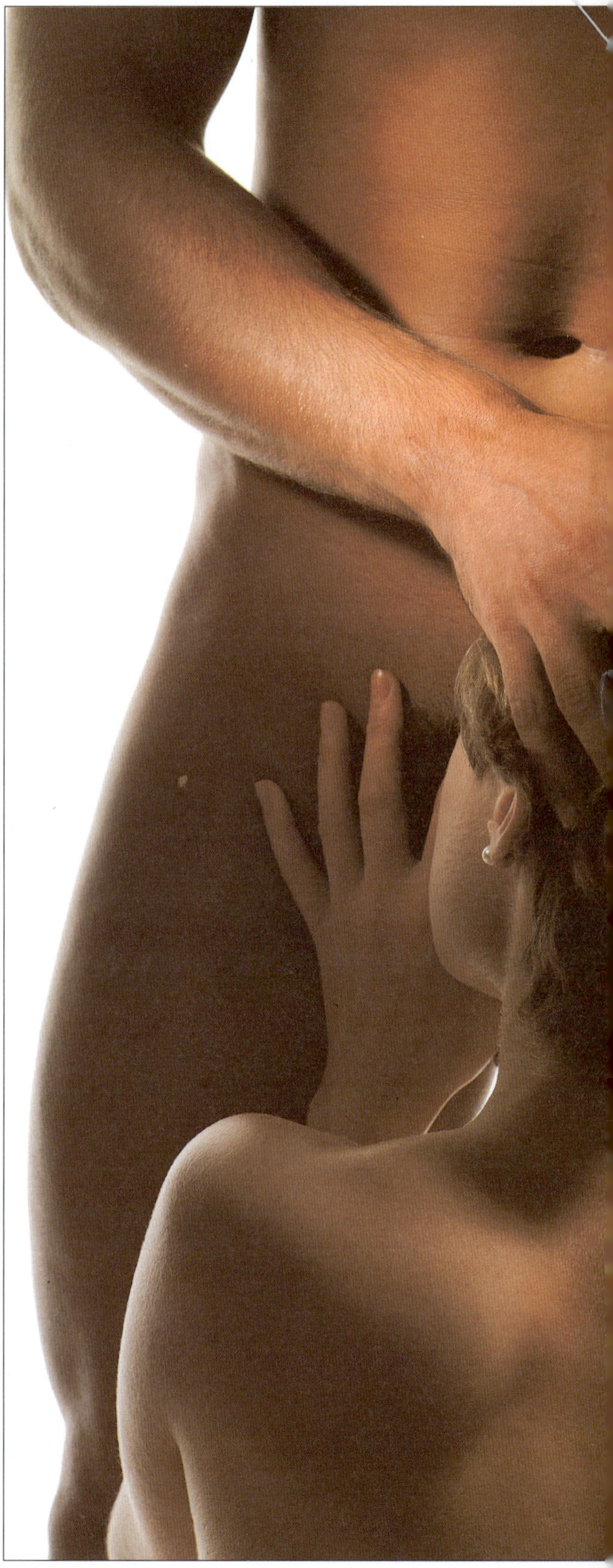

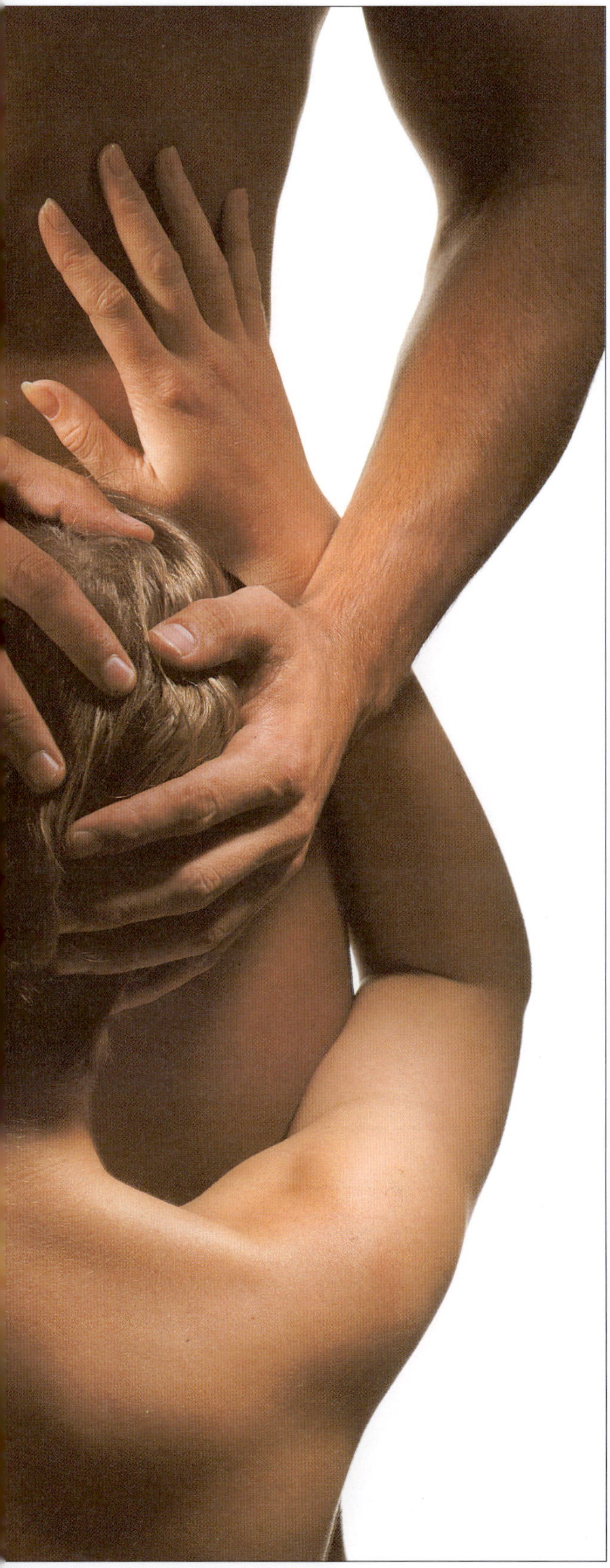

sich nicht unter Druck setzen lassen: Sagen Sie ihm eben, daß Sie seinen Penis kurz vorher herausnehmen werden.

Viele Frauen lassen den Partner zwar in ihrem Mund kommen, weigern sich aber, seine Samenflüssigkeit zu schlucken, da ihnen deren Geschmack zuwider ist. Wenn das auch Ihrem Gefühl entspricht, legen Sie einfach ein Taschentuch oder ein paar Papiertücher neben das Bett, um die Flüssigkeit so diskret wie möglich zu entsorgen.

Was nun den Mann anbelangt, gibt es denn auch für ihn ein paar Etiketteregeln, die er bei einer Fellatio beachten sollte? In der Tat, und zwar folgende:

- Dringen Sie nicht zu weit in ihren Mund ein! Wie würde Ihnen das gefallen, wenn Ihnen ein Ding von der Länge einer Banane so tief in den Hals gerammt würde, daß Sie zu würgen anfingen?
- Wenn Ihre Partnerin eine Atempause einlegen will, seien Sie nicht so egoistisch, sie zum Weitermachen zu drängen – vielleicht hat sie eine Unterbrechung dringend nötig.
- Bedrängen Sie eine Partnerin nicht, die nicht will, daß Sie ihr in den Mund spritzen.
- Wenn Ihre Partnerin Sie in ihrem Mund kommen läßt, zwingen Sie sie nicht, Ihre Samenflüssigkeit zu schlucken. Möchten Sie etwas hinunterschlucken, das rohem Eiweiß ähnelt?

SEXUELLE PHANTASIEN

Die meisten Männer und Frauen haben sexuelle Phantasien – erotische Träume, die vor allem beim Liebesspiel über sie kommen und ihre Gedanken zu anderen Personen und Situationen abschweifen lassen. Bei einer meiner großen Erhebungen gaben 60 Prozent der befragten verheirateten Frauen an, sie stellten sich immer wieder vor, wie sie mit anderen Männern schliefen. Bei vielen Menschen drehen sich die sexuellen Phantasien jedoch um ihren Partner – nicht um imaginäre Liebhaber – oder um frühere Geliebte, wobei letzteres unnötige Schuldgefühle auslösen kann. Weit verbreitet sind auch homosexuelle bzw. lesbische Träume und Vorstellungen, die allerdings häufig zu

Eine Fellatio ist sehr aufregend – aber vorher sollte man die Fragen der Etikette klären!

völlig unbegründeten Zweifeln an der eigenen sexuellen Orientierung führen.

Die meisten Menschen kontrollieren ihre Phantasien und entscheiden für sich, an wen und was sie denken wollen, vor allem wenn sie gleichzeitig masturbieren. Sich solchen gelegentlichen Phantasien hinzugeben, schadet niemandem – im Gegenteil, es kann Ihr Sexualleben bereichern und verbessern. Wieviel Sie davon aber Ihrem Partner bzw. Ihrer Partnerin erzählen können, ist auch eine Frage des guten Geschmacks.

Wenn Sie etwa Ihrem Freund beim Koitus offenbaren, daß Sie sich gerade in den Armen Ihres Lieblingsschauspielers oder sonst eines Mannes Ihrer Träume vorstellen, dann kann ihn das sehr verletzen. Andererseits können Sie ihn natürlich genauso kränken, wenn Sie Ihre abschweifenden Gedanken verheimlichen – aber dann im Moment der großen Leidenschaft den falschen Namen ausrufen!

Diese Phantasien sind zwar Ihr ganz persönliches Geheimnis, können aber, mit dem Partner geteilt, auch ein gutes Mittel sein, Ihr Sexualleben aufregender zu machen, vor allem wenn es zur Routine zu werden beginnt. Dann sollten Sie einander Ihre Gedanken sagen oder vorschlagen, welche Phantasien Sie gern einmal gemeinsam verwirklichen würden. So können Ihnen verschiedene Stellungen beim Koitus helfen, Ihren Träumen Leben zu verleihen. Eine Frau könnte etwa ihre Unterwerfungsphantasien bei allen Stellungen ausagieren, bei denen der Mann sich auf ihr befindet. Eine bei Frauen gelegentlich vorkommende Vorstellung ist die, gefesselt und vergewaltigt zu werden.

Seine Phantasien auszuagieren, das ist sicher in Ordnung, solange auch der andere Gefallen daran hat. Wenn aber einer etwas will, was dem anderen Unbehagen bereitet, sollte er lieber darauf verzichten. Manche Leute verkleiden sich zum Beispiel gern, bevor sie miteinander schlafen; aber es gibt genauso viele, die sich dabei absolut lächerlich vorkämen. Es ist alles nur eine Frage der Balance zwischen Ihren Wünschen und denen Ihres Partners bzw. Ihrer Partnerin.

Aber was immer Sie tun, leben Sie Ihre Phantasien nur innerhalb Ihrer Beziehung aus, denn sobald Dritte einbezogen werden, kann Ihr Spiel ein schlimmes Ende finden. Der klassische Fall: Der eine (man ist vielleicht etwas angetrunken) schlägt »einen flotten Dreier« vor: »Das wird ein Spaß!« Aber wenn die drei dann wieder nüchtern sind und alles vorbei ist, finden sie die Idee meist nicht mehr so gut. Derartige »Verwirklichungen« sexueller Träume enden oft damit, daß gleich mehrere Menschen verletzt sind, und sollten deshalb tabu sein.

Vor allem sollten Sie aber die geheimen Phantasien Ihres Partners ohne dessen Zustimmung nie jemand anderem enthüllen. Das wäre ein schlimmer, kaum wiedergutzumachender Vertrauensbruch.

F

Was von dem folgenden würden Sie gern Ihrem Partner vorschlagen, wenn Sie den Mut dazu hätten?

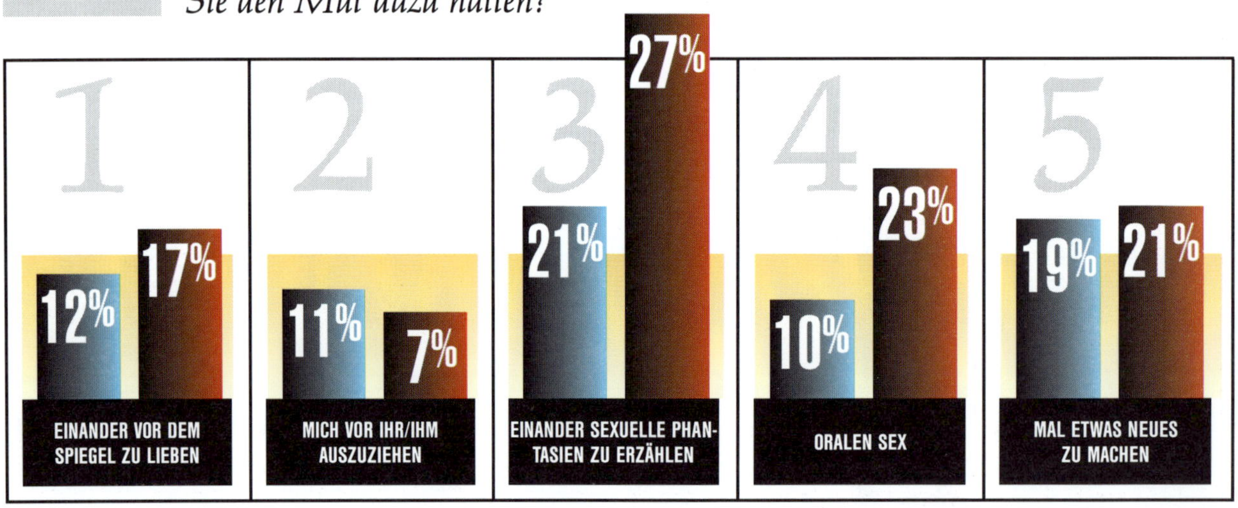

Mehr als zweimal soviel Männer (fast 25 %) wie Frauen würden gern einmal oralen Sex ausprobieren

F

Wie häufig wünschen Sie sich oralen Sex – aktiv oder passiv?

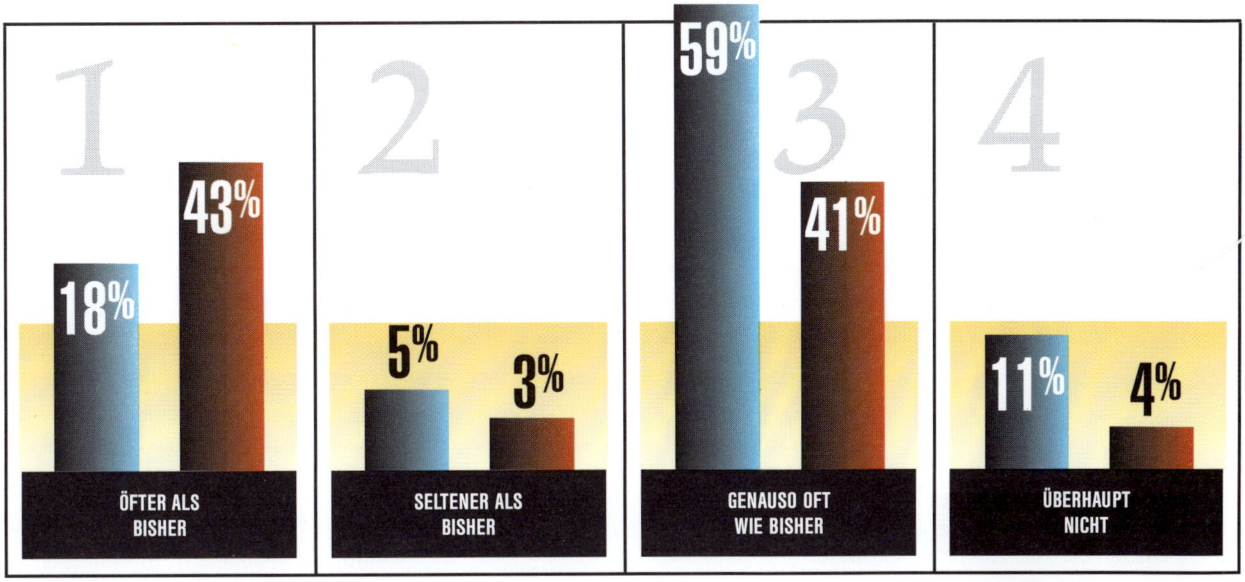

- Fast 50% der Männer wünschen sich »öfter als bisher« Oralverkehr.

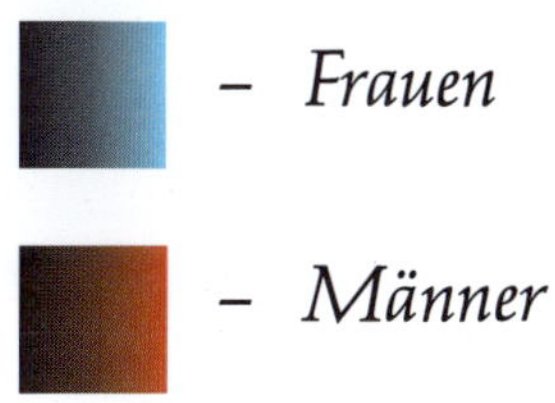

F

Welche der folgenden sexuellen Phantasien haben Sie schon gehabt?

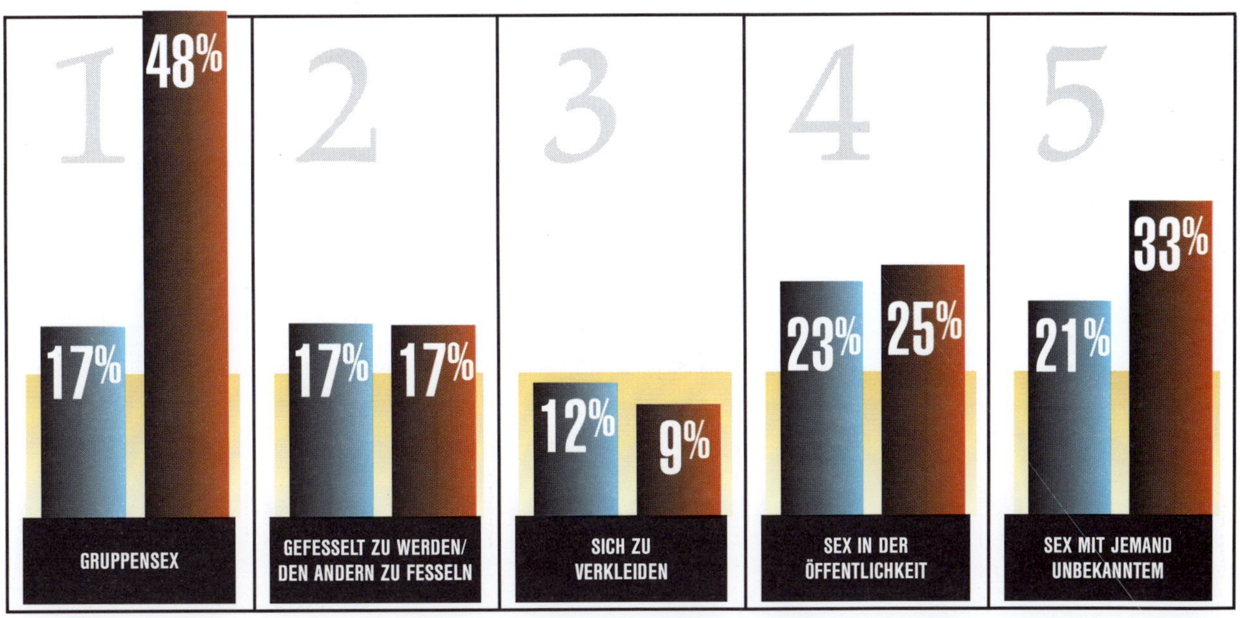

- Fast 50% der Männer phantasieren über Sex mit mehr als einem Partner gleichzeitig.

7

Damit die Lust nicht versiegt

Noch vor knapp hundert Jahren war jede außereheliche Sexualität in den westlichen Ländern verpönt. Das hat sich im Gefolge der sexuellen Revolution der 1960er grundlegend geändert. Nun wurde die voreheliche Sexualität immer mehr zur gesellschaftlichen Norm – ja, es war fast selbstverständlich, daß weder die Frau noch der Mann »jungfräulich« ins Hochzeitsbett stiegen.

Aber auch das ist wieder in Änderung begriffen. Heute wird weniger geheiratet; viele Paare verzichten auf Standesamt und Traualtar und leben unverheiratet zusammen. Aber vor allem die AIDS-Gefahr (vgl. Seite 107/8) hat dazu geführt, daß die Menschen ihr Sexualleben und ihr Verhalten neu definieren mußten und müssen.

ZUSAMMENLEBEN

Eine im Prinzip monogame, dauerhafte Beziehung, ob nun mit oder ohne Trauschein, ist gesundheitlich gesehen ganz sicher die ideale Form heutigen Sexuallebens.

Zugegeben, alle einschlägigen Untersuchungen besagen, daß sehr viele derer, die (mit oder ohne Ehering) in einer festen Beziehung leben, untreu sind. Das sind meist jedoch nur Episoden. Aber auch eine Beziehung mit gelegentlichen Seitensprüngen ist weit weniger riskant als etwa ein Lebensstil, bei dem eine Frau oder ein Mann pro Woche mit drei, vier neuen Partnern schläft.

In einer vollkommenen Welt wäre es sicher am allerbesten, wenn ein Paar das ganze Leben lang zusammenbliebe – und die beiden auch nie andere Sexualpartner hätten. Aber das ist natürlich eine vollkommen wirklichkeitsferne Vorstellung!

Ein realistischeres Ziel für viele moderne Menschen ist die »serielle Monogamie« – d. h. zu versuchen, so lange wie möglich bei einem Partner zu bleiben und dann eine neue langfristige Beziehung einzugehen, wenn und sofern die vorhergehende scheitert.

Eine große Gefahr ist aber mit jeder dauerhaften Beziehung verbunden: Das lange gemeinsame Sexualleben kann, wenn man nicht acht gibt, sehr, sehr langweilig werden.

PROBLEM MONOGAMIE

Ist es möglich, sein ganzes weiteres Leben mit nur einem Menschen zu schlafen? Ja, sicher – wenn beide wirklich etwas gegen die unleugbaren Gefahren der Monogamie tun!

Das bedeutet, daß Sie sich gemeinsam große Mühe geben müssen, um Ihr Liebesleben während all dieser Jahre so frisch und vital wie möglich zu erhalten. Anderenfalls werden Sie vermutlich feststellen, daß Ihr Sexualleben so eintönig und reizlos wird wie ein über drei, vier Jahrzehnte immer gleiches, gemeinsames Abendessen.

Aber wie schafft man das – 30 oder 40 oder mehr Jahre gemeinsamer Lust?

Vergessen Sie vor allem die Romantik nicht – lassen Sie um keinen Preis zu, daß Ihrer Beziehung die Romantik abhanden kommt.

Solche Dinge wie ein Abendessen bei Kerzenlicht, ein Blumenstrauß, kleine Geschenke, zärtliche Briefe und in dunklen Ecken geraubte Küsse sind kein Kitsch, sondern das Lebenselixier jeder sexuellen Beziehung, die von Dauer sein soll.

In diesem Kapitel geben wir Ihnen ein, zwei Tips, wie Sie Ihr Sexualleben über die Jahre hin lebendig und interessant erhalten können, und sehen uns auch die mit dem Älterwerden wahrscheinlich einhergehenden Veränderungen Ihrer Sexualität an.

männliche Sexualität und Älterwerden

Nicht nur die Männer sollten die männliche Sexualität verstehen und wissen, wie sie sich im Laufe der Jahrzehnte wandeln wird – nein, auch die Frauen. Wenn Sie als Frau in einer dauerhaften Beziehung leben, sollten Sie eine Vorstellung davon haben, wozu Ihr Partner während all der Jahre, die Sie mit ihm zusammensein werden, körperlich in der Lage sein wird (und wozu nicht). Deshalb wenden sich die folgenden Abschnitte vor allem an weibliche Leser.

Seine aktivste sexuelle Periode durchlebte Ihr Mann höchstwahrscheinlich lange bevor Sie ihn kennengelernt haben: unmittelbar nach Beginn der Pubertät. In diesem Alter platzt ein Junge fast vor Sexualhormonen und braucht dringend ein sexuelles Ventil. Viele 13- oder 14jährige sind frustriert, wenn sie nicht zwei-, dreimal täglich einen Orgasmus haben, auch wenn der Durchschnitt eher bei dreimal wöchentlich liegt.

Wenn er dann zwanzig ist, hat sich das ein wenig – allerdings nicht sehr – gelegt. Aber sein Hormonspiegel ist immer noch sehr hoch, und viele junge Männer sind in diesem Alter weiterhin sexbesessen. Die meisten haben dann immer noch etwa drei Orgasmen pro Woche. Die haben sie bis vor ein paar Jahren im wesentlichen durch Selbstbefriedigung oder bei feuchten Träumen bekommen. Das hat sich aber geändert, denn inzwischen gehen immer mehr Jungen mit Mädchen ihrer Altersgruppe sexuelle Beziehungen ein. Der durchschnittliche Mann von heute verliert seine Jungfräulichkeit bereits mit etwa 17 Jahren.

Wenn die Männer in die Zwanziger kommen, beginnt ihr Hormonspiegel etwas zu fallen. Das führt unter anderem dazu, daß sie:

1 Weniger Pickel haben!

2 Weniger auf Sex fixiert sind – d. h. ab und zu auch einmal an etwas anderes denken.

Wenn sie dann auf Ende zwanzig zugehen, machen die meisten Männer Schluß mit dem häufig wechselnden Geschlechtsverkehr und versuchen zur Ruhe zu kommen, wenn nicht in der Ehe, dann wenigstens in einer dauerhaften Zweierbeziehung mit gemeinsamem Haushalt. Im folgenden Lebensjahrzehnt verringert sich der männliche

Hormonausstoß nochmals geringfügig, was unter anderem folgende Konsequenzen hat:

1 Bei vielen Männern beginnt das Haar lichter oder »die Stirn höher« zu werden.
2 Sie verlieren etwas von der Aggressivität ihrer Zwanziger.
3 Die Häufigkeit ihrer sexuellen Aktivitäten nimmt ein bißchen ab.

Im vierten Lebensjahrzehnt eines Mannes kommt es wieder zu einer Senkung der Hormonproduktion – die aber weit geringer ausfällt als bei den meisten Frauen, die gegen Ende vierzig in die Wechseljahre kommen. Alles in allem passiert also nicht mehr, als daß der Mann etwas ruhiger und vernünftiger wird – und wahrscheinlich auch etwas weniger Lust auf Sex hat als in seinen Dreißigern.

Wenn Sie – wie viele Frauen über vierzig – aber dann gerade sexuell in Schwung zu kommen beginnen, kann das eine für beide nicht ganz leichte Zeit werden. So wie bei Don und Maria:

FALLGESCHICHTE

Don war 48 und als junger Mann sehr wild auf Sex gewesen. Aber seit einiger Zeit achtete er nicht mehr auf seine Figur und trank etliche Flaschen Bier mehr als früher. Das führte dazu, daß er nun sexuell deutlich weniger aktiv war als noch ein paar Jahre zuvor. Er war es zufrieden, einmal die Woche mit seiner Frau zu schlafen und sich dann zur Seite zu drehen und einzunicken.

Maria, seine Frau, war dagegen eine Art »Spätzünder«. Sie hatte eine behütete Jugend gehabt und erst gegen Ende zwanzig gelernt, ihre Sexualität zu genießen und einen Orgasmus zu erreichen. Aber jetzt, sie war 48 (genau wie Don), begann sie immer mehr Spaß daran zu finden. Sie hatte sich einen Vibrator gekauft und zum erstenmal in ihrem Leben die Freuden eines mehrfachen Orgasmus entdeckt.

Wie vorherzusehen, fühlte Maria sich durch Dons Schlaffheit frustriert. Sie hatte eine Affäre mit einem Nachbarn, was Don sehr verletzte, ihn aber auch wachrüttelte.

Er riß sich zusammen, nahm ein paar Kilo ab, fing an, regelmäßig zur Gymnastik zu gehen und weniger zu trinken. Aber wichtiger noch: Er sah nun darauf, Maria mehrmals die Woche sexuell zu befriedigen – sowie sehr viel aufmerksamer und liebevoller mit ihr umzugehen und wieder romantischer zu sein. Seine prompte Reaktion hat ihre Ehe gerettet.

Ein Mann in den Fünfzigern hat einen etwas niedrigeren Hormonspiegel als in seinen Vierzigern. Aber der Unterschied ist auch diesmal gering, und über 90 Prozent der Männer dieser Altersgruppe sind weiterhin potent.

Darüber hinaus sind viele von ihnen nun weit bessere Liebhaber, als sie es 30, 40 Jahre früher waren!

Warum? Nun, letztlich läuft es auf die Formulierung hinaus, die der Autor Frank Harris geprägt hat. Ihm sei in seiner Jugend einmal aufgegangen, daß er – sexuell gesehen – mit einem »schießwütigen, aber wild streuenden Maschinengewehr« ausgestattet war: dauernd feuerbereit – aber die ganze Stadt bestreichend und praktisch nicht zu kontrollieren. Als er jedoch in das besagte Alter gekommen sei, habe er entdeckt, daß er nun über ein »einschüssiges Präzisionsgewehr« verfügte: Es ging nur einmal los, aber wann und wo – das lag nun ganz in seiner Hand.

Das gilt für viele Männer, sobald sie die Fünfziger erreicht haben. Sie haben seltener einen Orgasmus, können im allgemeinen aber eine Ewigkeit lang weitermachen, ohne eine vorzeitige Ejakulation zu riskieren.

Der Hormonspiegel der Sechziger fällt noch einmal ein bißchen. Aber etwa 80 Prozent der Männer dieser Altersgruppe sind immer noch potent und sexuell recht interessiert. Natürlich kann die sexuelle Leistungsfähigkeit in diesem Alter durch Krankheiten schwer beeinträchtigt werden, so daß es wohl Zeiten geben mag, wo Sie – der weibliche Partner – vielleicht für eine Weile auf den Koitus oder das Liebesspiel überhaupt verzichten müssen.

Auch stellen viele Männer in den Sechzigern fest, daß sie zwar weiterhin potent, aber nur noch zu einer begrenzten Zahl von Erektionen pro Tag fähig sind. Oft bemerkt der Mann zudem, daß er die bei einem Liebesspiel erreichte, aber dann wieder verlorene Erektion in derselben Nacht nicht wiedererlangen kann.

Wenn das auch bei Ihrem Mann der Fall ist, sollten Sie ihm helfen und dafür zu sorgen versuchen, daß er seiner Erektion gar nicht erst verlustig geht. Glücklicherweise verfügen viele Männer, wenn sie einmal in dieses Alter kommen, schon über einen ganzen Sack voll Liebestechniken, mit denen sie auch bei fehlender Erektion ihre Partnerin befriedigen können.

Was ist mit den Männern über siebzig? Nun, in dieser Altersgruppe setzt bei vielen dann doch ein deutlicher

Rückgang der Hormonproduktion ein. Die männlichen Hormone wirksam zu ersetzen, ist aber sehr schwierig – daran ändern auch die immer mal wieder erscheinenden Presseberichte über angeblich erfolgreiche Hormonsubstitutionstherapien bei irgendwelchen Prominenten nichts. Durch den geringeren Hormonausstoß beginnt bei vielen dieser Männer die Potenz abzunehmen. Aber wie so oft, dürften dabei auch Krankheiten eine Rolle spielen.

Was sagt nun die Statistik? Potent sind demnach bei den 70jährigen noch etwa 70 Prozent, bei den 75jährigen – so die Ergebnisse einiger Forscher – weniger als 50 Prozent. Aber wenn ein Mann sich fit und aktiv zu halten versucht, kann er sich, mit einem Quentchen Glück und einer verliebten Partnerin, seiner Potenz noch sehr viel länger erfreuen. Von einem wird gar berichtet, er habe im Alter von 102 Jahren noch ein Kind gezeugt!

Aber vergessen Sie nicht, daß es für Sie beide auch dann im Bett noch viel zu genießen gibt, wenn Ihr Lebenspartner seine Potenz verlieren sollte. Es gibt selbstverständlich viele ältere Menschen, die recht froh sind, wenn sie »diesen ganzen Sex endlich hinter sich« haben, aber auch viele andere, die sich so gern aneinander kuscheln oder so sehr ihr kleines Liebesspiel mit (wer weiß?) ab und zu einem Orgasmus genießen. Ich bin mir, aufgrund meiner Umfragen, ziemlich sicher, daß viele ältere Paare sich in den letzten Jahren einen Vibrator gekauft haben.

weibliche Sexualität und Älterwerden

So wie eine Frau wissen muß, was mit ihrem Partner während ihres gemeinsamen Lebens passiert, muß auch ein Mann wissen, was bei seiner Frau vorgehen mag. Deshalb wenden sich die folgenden Abschnitte vor allem an die männlichen Leser.

Mädchen pubertieren etwa zur gleichen Zeit wie Jungen, entwickeln aber meist nicht das für ihre männlichen Altersgenossen so typische, überwältigende sexuelle Interesse. Manche beginnen dann sofort zu masturbieren, viele andere erst Jahre später – und einige nie.

Die ersteren lernen vermutlich noch als Teenager, wie sie einen Orgasmus erreichen. Die andern vermutlich nicht. Viele Frauen sind bei ihrem ersten Koitus nicht zu einem Orgasmus in der Lage und erleben ihren ersten Höhepunkt im allgemeinen erst nach einigen weiteren Jahren sexueller Aktivität.

In ihren Zwanzigern entwickeln die meisten Frauen allmählich ein stärkeres sexuelles Interesse und lernen, Sex genausosehr zu genießen wie Männer. Mitte zwanzig sind die meisten Frauen orgasmusfähig, eine ansehnliche Minderheit ist zu multiplen Orgasmen (mehrere Höhepunkte kurz hintereinander) in der Lage.

Männer sollten wissen, daß die Frau ihre Orgasmusfähigkeit während ihrer Zwanziger und Dreißiger im allgemeinen steigert – immer einen Partner vorausgesetzt, der sie schätzt und den Sex interessant erhält.

Auch ihre Fähigkeit zu multiplen Orgasmen kann sich während ihrer Zwanziger und Dreißiger steigern – wieder vorausgesetzt, sie hat einen Partner, der sie schätzt, sexuell erfahren ist und sie mit Lust und Freude stimuliert.

Der Höhepunkt des Sexuallebens kommt für die Frau, ganz im Gegensatz zum Mann, gemeinhin erst nach vierzig in Sicht – nicht zuletzt, weil dann irgendwann Verhütung für sie kein Thema mehr ist, sie sich keine Sorgen mehr über »Sex und Kinderkriegen« machen muß.

In dieser Altersgruppe ist der Anteil der orgasmusfähigen Frauen – mit weit über 90 Prozent – sehr viel höher als bei jüngeren Frauen. Der Prozentsatz der Frauen mit multiplen Orgasmen liegt zudem wesentlich höher als bei den 20- bis 40jährigen. Wenn Ihre Partnerin über 40 ist, sollten Sie sich als Mann unbedingt klar machen, daß Sie höchstwahrscheinlich eine richtige kleine Sexbombe in Händen halten!

Lassen Sie weder Sex noch Romantik einschlafen – Sie könnten sie sonst verlieren.

die Menopause

Die meisten Frauen haben Ende vierzig, Anfang fünfzig ihre Menopause oder »Wechseljahre«. Dann hören sie auf zu menstruieren. Die Menopause wird durch eine starke Senkung des weiblichen Hormonspiegels verursacht – der sehr viel abrupter ist als der sich über viele Jahrzehnte hinziehende männliche Hormonrückgang.

Obwohl sich dieses Buch um Fragen der Sexualität dreht, müssen wir hier auf einige nicht-sexuelle Implikationen der Menopause für das Leben eines Paares eingehen. Als Mann sollten Sie beispielsweise wissen:

- Ihre Partnerin kann in dieser Zeit launenhaft und leicht reizbar sein.
- Sie wird wahrscheinlich unter starken Hitzewallungen leiden.
- Sie kann so heftige »nächtliche Schweißausbrüche« haben, daß auch Sie in Schweiß gebadet aufwachen.

Wenn die Menopausensymptome bei einer Frau sehr stark sind, braucht sie viel Mitgefühl und Verständnis von ihrem Mann. Es gibt aber auch einige Frauen, die ihre Wechseljahre fast ohne Probleme hinter sich bringen.

Und die Sexualität? Überraschenderweise wird das weibliche Sexualleben durch die Menopause gar nicht sehr beeinträchtigt.

Natürlich wird Ihre Partnerin, wenn sie wirklich schwierige Wechseljahre mit häufigen Hitzewallungen, Schweißausbrüchen oder gar Depressionen durchmacht, für eine Weile kein großes sexuelles Interesse an Ihnen (oder sonst irgendwem) haben.

Wenn eine Frau aber die Menopause mit all ihren Symptomen hinter sich hat, erlebt sie oft einen neuen Aufschwung ihres (Sexual-)lebens. Bei vielen Frauen erwacht dann das sexuelle Interesse neu – sie sind jetzt auf dem Höhepunkt ihrer Orgasmusfähigkeit. Aber der Mann sollte nicht überrascht sein, wenn seine Partnerin, vor allem wenn sie über fünfzig ist, mit einem spezifischen, nach den Wechseljahren häufigen Sexualproblem zu tun bekommt.

Dabei handelt es sich um eine Vaginitis oder Scheidenentzündung. Gemeint ist das ziemlich plötzliche Austrocknen der Scheidenschleimhäute, aufgrund der abrupten Abnahme der Eierstockhormone; die Symptome: Ausfluß mit Hitzegefühl und Brennen, z.T. Schmerzen beim Koitus.

Was Sie als Mann beachten müssen:

- Wenn Ihre Frau eine entzündete Scheide haben sollte, versuchen Sie nicht, mit Gewalt in sie einzudringen – das macht alles nur noch schlimmer!
- Kaufen Sie beim Drogisten ein Gleitmittel, mit dem Sie sich dann beide kurz vor dem Koitus großzügig einreiben (Penis, Schamlippen und Vagina).

Wenn das nichts nützt, sollte sich Ihre Frau eine Hormonersatzbehandlung verschreiben lassen (siehe weiter unten), meist mit einer Hormoncreme. Das sollte das Problem dann eigentlich beheben.

Viele Frauen bleiben in ihren Fünfzigern und Sechzigern sexuell sehr aktiv, nehmen sich vielleicht sogar einen Liebhaber.

Wenn Ihre Partnerin in die Siebziger kommt, möchte sie vielleicht weiterhin von Ihnen sexuell befriedigt werden. Möglicherweise sind Sie aber dazu nicht in der Lage – zumindest nicht durch den bloßen Koitus.

Stellen Sie sich also darauf ein, ihr anders Befriedigung zu verschaffen: mit der Hand, dem Mund oder sogar technischen Sexualhilfen. Aber vielleicht ist das auch gar kein Thema mehr:

Es gibt nicht wenige ältere Frauen, die nun genug vom Sex haben und froh sind, in eine friedliche, orgasmusfreie Phase einzutreten. Natürlich brauchen Sie, wenn das bei Ihnen der Fall sein sollte und Sie selbst noch an Sex interessiert sind, für Ihre Befriedigung ein bißchen Unterstützung von ihr.

HORMONBEHANDLUNG

Bislang wird die Hormonersatztherapie fast ausschließlich bei Frauen angewandt – es besteht aber Hoffnung, eines nicht zu fernen Tages eine Behandlung zu entwickeln, die älteren Männern neuen Auftrieb gibt.

Sie verleiht den Frauen angeblich zusätzlichen sexuellen Schwung, aber das ist umstritten.

Sicher ist hingegen, daß sie die nach der Menopause häufige Scheidentrockenheit und die damit verbundenen sexuellen Probleme behebt.

Zur Therapie benutzt man dabei gewöhnlich eine Creme mit weiblichen Hormonen, die, in der Scheide angewandt, diese bald wieder in ihren früheren Zustand versetzt. Man kann dem Problem aber auch mit Hormontabletten und -pflastern oder Hormonimplantaten unter der Haut zu Leibe rücken – und man hat die Wahl zwischen verschiedenen Arten des Hormonersatzes.

Die Hormonbehandlung hat zahlreiche Vorteile und beugt vor allem auch der Osteoporose (Knochenschwund) vor, an der viele Frauen über sechzig leiden. Aber sie hat auch ihre Nachteile und Risiken, führt unter anderem zur Fortdauer der Monatsblutungen und erhöht das Risiko von Brustkrebs.

Deshalb sollte jeder Hormontherapie eine sorgfältige ärztliche Beratung über deren Für und Wider vorausgehen.

Für die schwangere Frau kann es sehr viel bequemer sein, wenn der Mann von hinten mit ihr schläft.

SCHWANGERSCHAFT und SEX

Die meisten Frauen haben im Laufe ihres Lebens mindestens eine Schwangerschaft. Wie könnte sich die auf eine dauerhafte Beziehung auswirken?

Zuerst die »neun Monate« selbst. Im Gegensatz zu früher wird der Arzt heute einem Paar den Geschlechtsverkehr während einer Schwangerschaft nur noch ausnahmsweise verbieten.

Aber die Scheide der werdenden Mutter fühlt sich nun ein wenig anders an, vor allem da sie im Lauf der Schwangerschaft einen etwas andersartigen Schleim absondert. Mit der Zeit können die üblichen Koitusstellungen für die Frau auch sehr schwierig oder sogar schmerzhaft werden – dann empfiehlt es sich, zu einer Position überzugehen, bei der der Bauch der Frau nicht so belastet wird (wie etwa die Löffelchen-Stellung, vgl. S. 85).

Möglicherweise verliert die Frau im Verlauf dieser neun Monate jedes sexuelle Interesse. Das ist nicht das Übliche – aber wenn es eintritt, sollte der Mann damit zurechtkommen können. Selbstverständlich sollte er nicht versuchen, sie gegen ihren Willen zum Koitus zu bringen, sondern sich so verständnisvoll wie möglich verhalten. Gegen zu große sexuelle Frustration hilft ihm ja die lustvolle Selbstbefriedigung.

Nach der Geburt ist die Verringerung des weiblichen Sexualtriebs sehr viel häufiger. Das stellen Jahr für Jahr Tausende von Frauen fest. Die Tatsache selbst wird teilweise mit psychischen Gründen, teilweise mit den durch die Geburt verursachten hormonellen Veränderungen erklärt.

Wenn Sie davon betroffen sind, suchen Sie am besten eine Familienberatungsstelle auf. Die sind darauf spezialisiert, solche Probleme im einfühlsamen Beratungsgespräch zu klären.

Schließlich sollten Männer daran denken, daß die meisten Frauen nach so einer Geburt »da unten« sehr empfindlich sind, vor allem wenn sie genäht wurden. Versuchen Sie nicht, mit Ihrer Partnerin zu schlafen, bevor sie dazu bereit ist – und keinesfalls vor der Nachschwangerschaftsuntersuchung, die normalerweise etwa sechs Wochen nach der Geburt erfolgt.

Aber auch danach wäre es keine schlechte Idee, für eine Weile ein mildes Gleitmittel zu benutzen.

FITNESS und SEX

Ob Mann oder Frau – wenn Sie etwas für Ihre Gesundheit und Fitness tun, nützt das auch Ihrer längerfristigen Beziehung. Das steigert Ihre sexuelle Leistung – und läßt Sie auch im Schlafzimmer zu einem schöneren Anblick werden. Wer geht schon gern mit jemandem ins Bett, der die Form und die Figur verliert?

Hier ein paar gute Tips für Ihre »Schlafzimmer-Fitness«:

- Lassen Sie das Rauchen sein.
- Mäßigen Sie Ihren Alkoholkonsum.
- Vermeiden Sie zu fettes Essen.
- Bevorzugen Sie eine ballaststoffreiche Kost.
- Kontrollieren Sie Ihr Gewicht.
- Lassen Sie sich die wöchentliche Gymnastik zur Gewohnheit werden.

LANGEWEILE IM BETT?

Zu Beginn einer sexuellen Beziehung, wenn das Liebesspiel noch neu und aufregend ist, können die meisten Paare nicht genug davon haben. Aber mit der Zeit kann es so mechanisch und routinehaft werden, daß die Langeweile nicht mehr fern ist. Wenn das auch Ihr Problem sein sollte, helfen Ihnen eventuell die folgenden Tips, es zu lösen.

Zunächst sollten Sie überlegen, ob Sex bei Ihnen nur im Schlafzimmer und nachts stattfindet. Wenn ja, dann versuchen Sie einmal, irgendwann während des Tages und an verschiedenen Orten miteinander zu schlafen, etwa in einem anderen Zimmer oder unter der Dusche, um nur zwei Beispiele zu nennen. Aber warum nicht auch im Freien – im Garten oder an einem schönen, abgelegenen Strand? Wenn Sie so einen halböffentlichen Ort wählen, sollten Sie sicherstellen, daß sich kein Dritter in Hör- oder Sichtweite befindet, der Anstoß nehmen könnte.

Um eine längerfristige Beziehung in Form zu halten, haben Sie zweitens die Möglichkeit, ab und an mal verschiedene Stellungen auszuprobieren. Auf den folgenden vier Seiten zeigen wir Ihnen einige Positionen, die bequem, angenehm und – aufregend sind. Warum versuchen Sie nicht mal die eine oder andere, wenn Ihnen danach ist?

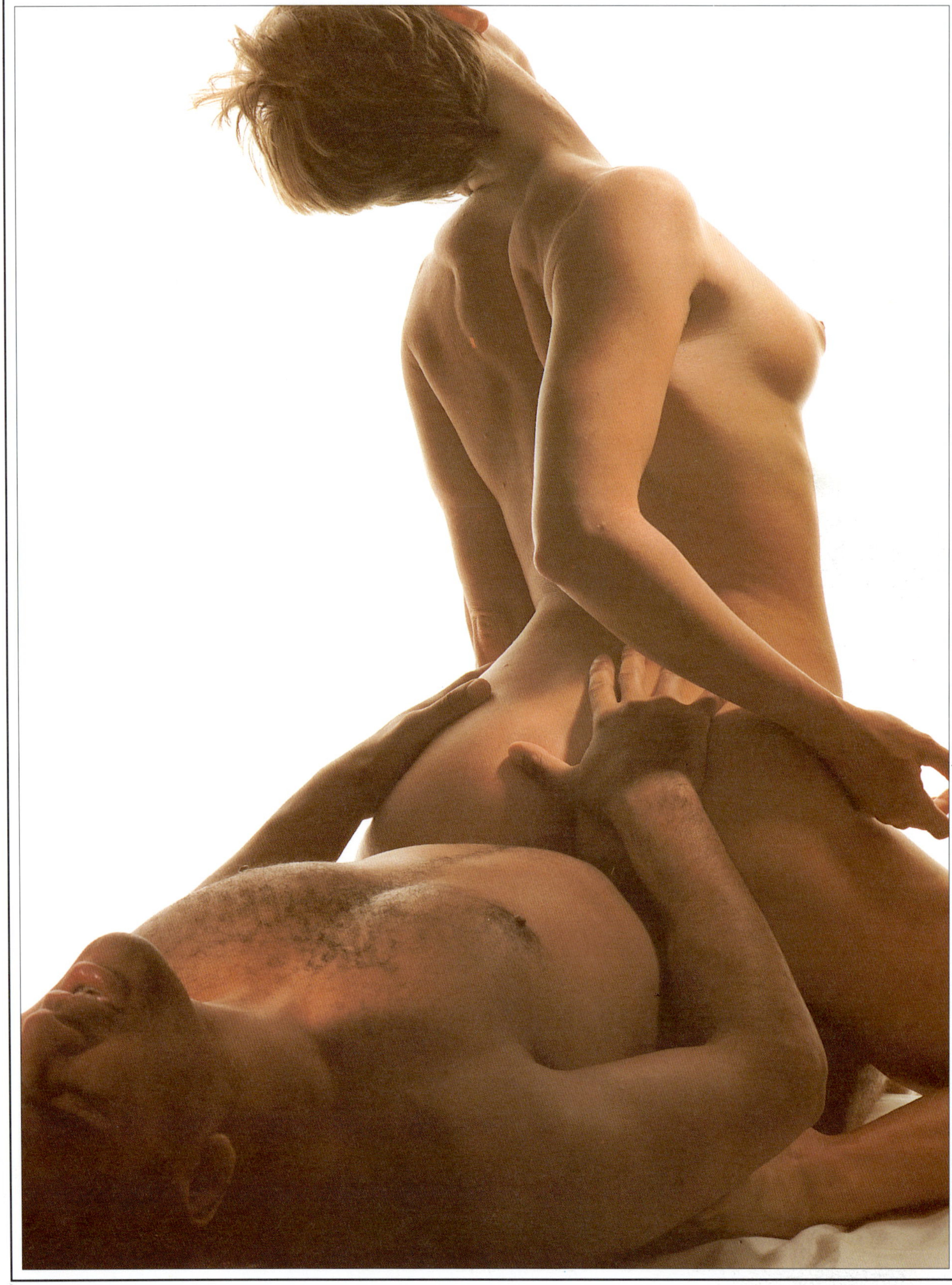

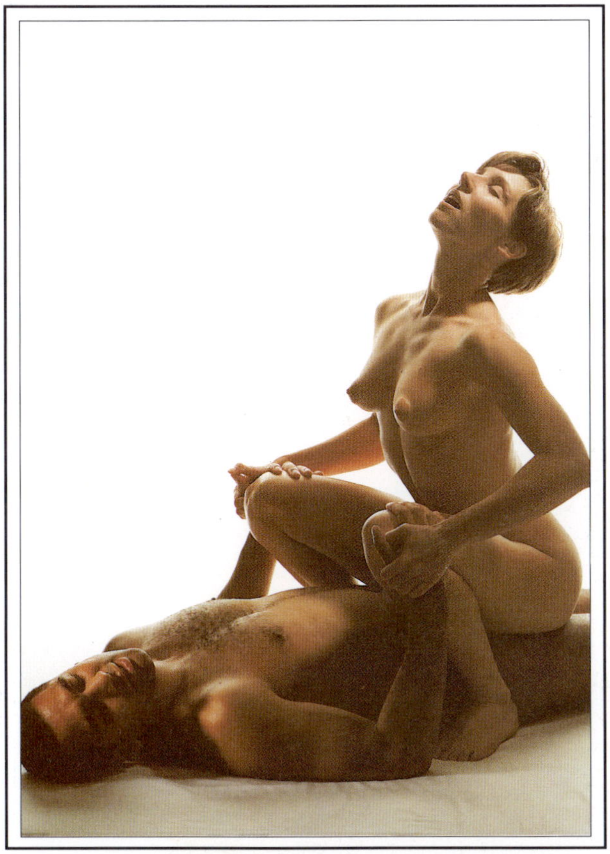

Der Reiz des Neuen

- **Gegenüberliegende Seite:** Diese bequeme Stellung erlaubt eine gute Penetration und ungewöhnliche vaginale Druckempfindungen. Der Mann liegt auf dem Rücken, die Frau kniet über seinem Schoß, mit dem Rücken zu ihm. Dann setzt sie sich sacht auf ihn und führt mit der Hand seinen Penis ein.

- **Links:** Diese Position ist der obigen sehr ähnlich, erlaubt aber eine bessere Verständigung beim Liebesspiel! Wieder hockt sich die Frau über den Mann, aber mit dem Gesicht zu ihm. Dann setzt sie sich auf seinen Penis und bewegt sich sanft auf und ab.

- **Unten:** Eine für die Schwangerschaft besonders gute Stellung (der Bauch der Frau bleibt unbelastet), die aber auch sonst schön und lustvoll ist. Die Frau liegt mit geöffneten Beinen und angezogenen Knien auf dem Rücken. Der Mann schmiegt seine Schenkel an ihren Po und dringt sanft in sie ein.

Gegenüberliegende Seite: Wenn die Frau oben ist, kann der Mann meist gut in sie eindringen. Hier sitzt er auf dem Bett bzw. Boden und sie obenauf, mit dem Gesicht zu ihm. Dabei muß meist einer von beiden den Penis mit der Hand einführen.

Oben: Bei dieser exotischen, »Narbonne« genannten Stellung liegt die Frau rücklings und mit weit geöffneten Schenkeln auf einem Bett oder Tisch. Der Mann steht zwischen ihren Schenkeln, stützt diese mit den Händen, und dringt in sie ein.

Unten links: Eine der Stellungen, bei denen der Mann sitzt. Sie ermöglicht eine tiefe Penetration und gibt den Händen viel freies Spiel zum Streicheln und Erkunden. Der Mann sollte sich auf eine feste Unterlage setzen. Die Frau wendet ihm ihr Gesicht zu und legt ihre Schenkel um seine Hüften.

Unten rechts: Diese (»burgundische«) Stellung verlangt der Frau schon fast artistische Fähigkeiten ab. Ihr Vorteil: eine tiefe Penetration. Ihr Nachteil: Man kann sich beim Liebesspiel nicht küssen.

Und sollte das bei Ihnen keine Wunder vollbringen, dann dürften Ihnen wenigstens die altvertrauten Stellungen reizvoller erscheinen.

Manche Paare finden es sehr erregend, wenn sie sich beim Liebesspiel in einem Spiegel zusehen können. Eine andere populäre Methode, um ein erlahmendes Sexualleben wieder zu beflügeln: Man schaut sich gemeinsam einen Pornofilm an oder macht schön erotische Aktaufnahmen voneinander.

Manchmal hilft es auch, sich die zweiten Flitterwochen zu gönnen oder einfach für ein Wochenende zu verreisen, um den häuslichen Alltag hinter sich zu lassen, vor allem, wenn man Kinder hat und sie bei jemandem lassen kann, bei dem sie gut aufgehoben sind. Denn schließlich gibt es bei vielen Paaren immer wieder Phasen, wo sie nie richtig miteinander schlafen können, weil jedesmal, wenn sie gerade in Schwung kommen, ein, zwei, drei, viele Kinder ins Schlafzimmer marschieren und zu den Eltern ins Bett krabbeln wollen – aus und vorbei!

Vor allem sollten Sie es aber Ihren Partner bzw. Ihre Partnerin wissen lassen, wenn Sie beginnen, Ihr Sexualleben langweilig zu finden. So können Sie beide an dem Problem arbeiten, bevor es Ihnen über den Kopf wächst.

SEX IST KEIN MUSS

Vielleicht können Sie gar nicht verstehen, warum um Sex soviel Aufhebens gemacht wird. Da sind Sie nicht der/die einzige. Es gibt viele Menschen, die praktisch kein Interesse an Sex haben, und das ist auch völlig in Ordnung.

Die einschlägigen Statistiken zeigen, daß etliche junge Eheleute nur alle paar Monate einmal miteinander schlafen – oder überhaupt nicht. Solange sie beide dabei glücklich sind, ist nichts dagegen zu sagen.

Es tauchen natürlich Probleme auf, wenn einer oder eine mit sehr schwachem Sexualtrieb jemanden heiratet oder mit ihm zusammenlebt, der »ganz wild darauf ist«. Das ruft fast immer massive sexuelle Frustrationen hervor, die wiederum andere Probleme erzeugen oder gar zum Scheitern der Beziehung führen können.

Manchmal wird behauptet, sexuelle Enthaltsamkeit sei gut für die Gesundheit. Beweise gibt es dafür nicht. Richtig ist aber, daß Keuschheit vor ungewollten Schwangerschaften und sexuell übertragbaren Krankheiten schützt.

DIE ZUKUNFT DES SEX

Er hat natürlich eine! Wenn man eines beim Studium der Medizin lernt, dann dies: Der Sexualtrieb hat zu allen Zeiten zu den stärksten und unbezähmbarsten Trieben des Menschen gehört.

Solange es also Menschen auf dieser Erde gibt, wird es auch Sex geben – wohl so ziemlich in derselben Form wie seit jeher: Ein Junge und ein Mädchen, eine Frau und ein Mann begegnen sich, verlieben sich und schlafen miteinander.

Aber mit der einen oder anderen technischen Neuerung ist, dank des ständigen wissenschaftlichen Fortschritts, in den nächsten zwei Jahrzehnten doch zu rechnen. Dazu gehören:

- Medikamente für Frauen mit Orgasmusproblemen.
- Medikamente für impotente Männer.
- Verbesserte vibratorähnliche Geräte zur Behandlung allgemeiner sexueller Reaktionsprobleme.
- Sicherere Verhütungsmittel für den Mann und die Frau.
- Eine Antibaypille, die Brustkrebs verhindert.
- Die »Einmal-Pille«, die nur dann eingenommen wird, wenn man miteinander schlafen will.
- Ein HIV-Impfstoff und eine AIDS-Therapie.

Die beiden zuletzt genannten Entwicklungen braucht die Menschheit in diesen »Nervösen Neunzigern« vermutlich am dringendsten. Hoffentlich sind alle Leserinnen und Leser dieses Buches mit mir darin einig, daß HIV heute fast jeden von uns bedroht, gleichgültig, wie unsere sexuelle Orientierung aussieht.

Das Virus breitet sich weiter aus – langsamer, als viele Experten vorhergesagt haben, gewiß, aber es fordert schon heute unter Heterosexuellen wie unter Homosexuellen einen fürchterlichen Blutzoll.

Wenn die Menschen nicht versuchen, monogam zu leben, wird die Situation künftig noch um einiges schlimmer werden als bisher.

In diesem Kapitel ging es darum, wie man sein Sexualleben frisch und spritzig erhalten kann, wenn man in einer dauerhaften Liebesbeziehung lebt – versuchen Sie bitte nicht, das auf dem Wege der Promiskuität zu erreichen.

F

Welche der folgenden Positionen gehören zu Ihren Lieblingsstellungen beim Koitus?

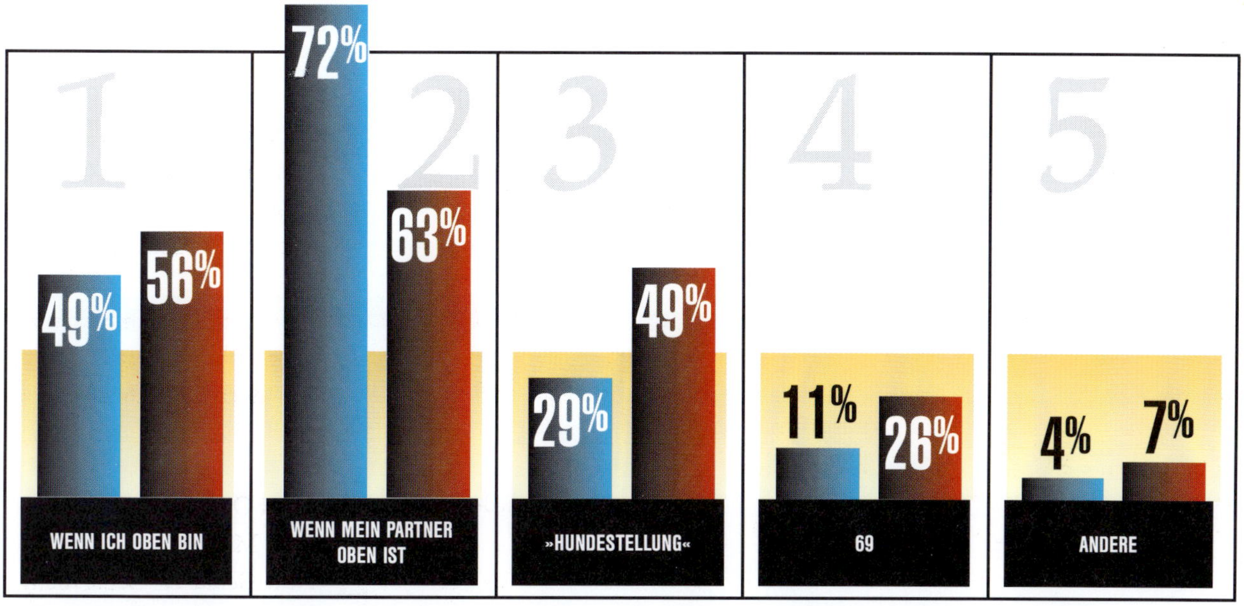

Es überrascht, daß 63% der Männer, aber nur 49% der Frauen die »Frau-oben«-Stellungen als ihre Lieblingspositionen bezeichnen. »69« wird von gut zweimal soviel Männern wie Frauen favorisiert. (Die Werte addieren sich auf über 100% , da Mehrfachnennungen zulässig waren.)

F

Wie viele Sexualpartner hatten Sie in den vergangenen zwei Jahren?

– Frauen

– Männer

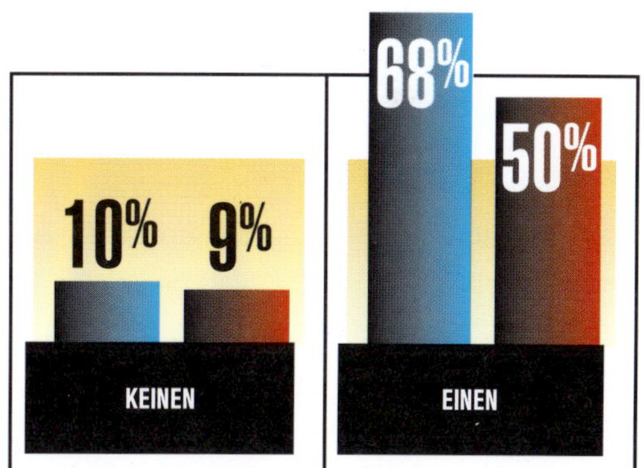

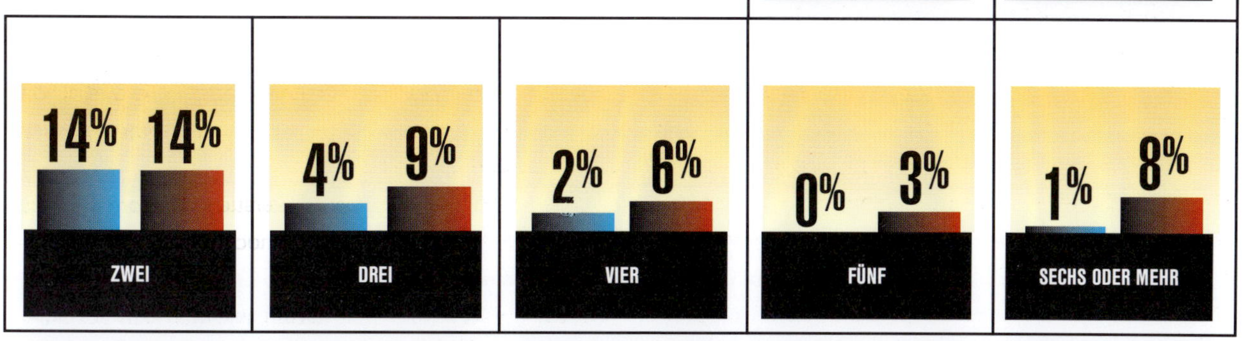

50% der Männer und 68% der Frauen hatten in dieser Zeit nur einen Sexualpartner. Auf der anderen Seite der Skala stehen die 8% männlicher und 1% weiblicher Antwortpersonen, die »sechs oder mehr« angeben. Bei Männern wie Frauen gab es je 1% »Weiß-nicht«-Antworten!

Verschiedene Verhütungsmethoden

Ich hoffe nun, daß Ihnen unser Buch über Liebe und Sexualität gefallen hat! Für die praktische Umsetzung all dieser Anregungen möchte ich Ihnen aber dringend empfehlen, vernünftige Verhütungsmittel zu gebrauchen. Denken Sie daran, daß die Wahl der zu verwendenden Methode in einer Ehe oder langfristigen Beziehung von beiden Beteiligten gemeinsam getroffen werden sollte. Es gibt da inzwischen eine große Palette verschiedener Mittel und Techniken, aber auch immer wieder Neuentwicklungen – und

METHODE	FUNKTIONSWEISE	VORTEILE	NACHTEILE
Kondom für den Mann	Hauchdünner Gummiüberzug für den Penis, fängt die Samenflüssigkeit auf.	Mittlere Sicherheit. Überall erhältlich, bester Schutz gegen HIV.	Kann platzen. Manche Menschen sind gegen bestimmte Fabrikate allergisch.
Kondom für die Frau	Polyurethanschlauch, der vor dem Koitus in die Scheide eingeführt wird.	Gewisser HIV-Schutz.	Etwas knifflig und unsicher. Der Penis kann versehentlich daneben geraten.
Pille	Präparat aus zwei weiblichen Hormonen, verhindert den Eisprung (Ovulation).	Sehr sicher. Hilft bei schmerzhafter und starker Periodenblutung. Verringert bestimmte Krebsrisiken.	Kann bei Raucherinnen Herzinfarkt verursachen. Erhöhung bestimmter Krebsrisiken?
Mini-Pille	Nur *ein* Hormon. Gebärmutterschleim bleibt beim Eisprung dick, zu dick für die Spermien.	Soll für ältere Frauen risikoloser sein als »die Pille«.	Aber weniger sicher. Führt häufig zu Zyklusstörungen.
Drei-Monats-Spritze	Verhindert den weiblichen Eisprung.	*Eine* Spritze schützt die Frau für drei Monate fast hundertprozentig.	Bei langer Anwendung setzt oft Regelblutung aus.
Vaginalring	Gibt Hormone in die Scheide ab, die den Spermien den Eintritt in die Gebärmutter erschweren.	Bleibt drei Monate in der Scheide; keine Unterbrechung beim Liebesspiel.	Verursacht manchmal Menstruationsprobleme. Langzeiteffekte ungewiß.
Implantat (»Die Kapsel«)	Sechs winzige, der Frau unter der Armhaut eingepflanzte Gummikapseln geben Hormone ab, die den Eisprung verhindern.	Schützt fünf Jahre lang vor einer Schwangerschaft.	Schwer wieder zu entfernen. Häufig Zyklusstörungen. Langzeitwirkungen ungewiß.

manchmal unerwartete, sowohl Fachleute wie Laien überraschende Nebenwirkungen. Daher sollten Sie vor einer endgültigen Entscheidung ärztlichen Rat einholen. Eine (kostenlose) und hervorragende Beratung zu Fragen der Empfängnisverhütung erhalten Sie bei den Beratungsstellen von PRO FAMILIA (Deutsche Gesellschaft für Sexualberatung und Familienplanung, Stresemannallee 3, D-60596 Frankfurt), die Sie in jeder größeren Stadt finden, sowie über die Österreichische Gesellschaft für Familienplanung (ÖGF, II Universitätsfrauenklinik, Spitalgasse 23, A-1090 Wien) und in der deutschsprachigen Schweiz über die Familienplanungsstelle der Universitätsfrauenklinik in Basel.

METHODE	FUNKTIONSWEISE	VORTEILE	NACHTEILE
Spirale (Intra-Uterin-Pessar)	Kleines Objekt aus Kunststoff und Kupfer, vom Arzt in die Gebärmutter eingesetzt. Verhindert, daß sich eine befruchtete Eizelle dort einnistet.	Sofortiger, langandauernder Schutz (mittlere Sicherheit).	Schmerzhafte Menstruation, Unterleibsentzündungen und Abstoßung möglich. Nicht für Frauen, die noch kein Kind geboren haben.
Diaphragma (Scheidenpessar)	Gummikappe, mit Spermizid zu bestreichen, wird vor dem Koitus in die Scheide eingeführt, stoppt Spermien.	Mittlere Zuverlässigkeit. Schützt evtl. gegen Gebärmutterhalskrebs.	Kaum. Führt vereinzelt zu Zystistis (Blasenentzündung).
Spermizider Schwamm	Polyurethanschwamm mit Spermizid, vor dem Koitus in die Vagina einzuführen – für gut 6 Stunden.	Leicht anzuwenden.	Sehr unsicher, viele ungewollte Schwangerschaften.
Vasektomie	Sterilisation des Mannes, bei der seine Samenstränge durchtrennt werden.	Einfach, schmerzlos und dauerhaft – aber schwer rückgängig zu machen.	Gewisse Fehlerrate. Eventuell erhöhtes, langfristiges Krebsrisiko.
Eileitersterilisation	Eileiter (zwischen Eierstöcken und Gebärmutter) werden durchtrennt oder blockiert.	Dauerhafter Schutz – aber kaum rückgängig zu machen.	Gewisse Fehlerrate.
Natürliche oder Rhythmusmethode	Koitus nur an den »sicheren Tagen« des weiblichen Monatszyklus – ermittelt nach der Kalender,- Temperatur- oder Schleimmethode.	Von der katholischen Kirche akzeptiert.	Funktioniert nur bei sehr motivierten und informierten Paaren.

SEXUALBEGRIFFE

ABSTRICHTEST: Untersuchung von Schleim- und Hautproben zur Erkennung von Scheiden- oder Gebärmuttererkrankungen (v. a. Muttermundkrebs).

AIDS: »Erworbenes Immundefizienzsyndrom« (vgl. S. 100, 104, 107–8, 111).

ANALVERKEHR: Der Mann dringt mit dem Penis in den After des Partners bzw. der Partnerin ein.

ANUS: After.

BALANITIS: Entzündung der Eichel und Vorhaut.

BEFRUCHTUNG: Verschmelzung von Samen- und Eizelle.

CERVIX: Gebärmutterhals.

COITUS INTERRUPTUS: Der Penis wird vor dem Erguß aus der Scheide gezogen – riskant.

CUNNILINGUS: Stimulierung der Vulva mit Mund oder Zunge.

DIAPHRAGMA: Pessar, Verhütungsmittel aus Gummi, wird vor dem Koitus auf den Muttermund gesetzt.

DRUCKTECHNIK: Gegen vorzeitige Ejakulation: Dabei drückt die Partnerin, kurz vor der Ejakulation, auf die Penisspitze.

EIERSTÖCKE: Weibliche Sexualdrüsen, produzieren die Eizellen und Hormone.

EILEITER: Zwei Röhren zwischen den Eierstöcken und der Gebärmutter, in denen die Befruchtung der Eizellen stattfindet.

»EINEN BLASEN«: Irreführender Vulgärbegriff für eine Fellatio – man darf keinesfalls in den Penis blasen (vgl. S. 120–1)!

EJAKULATION: Der Ausstoß von Sperma aus dem Penis beim Orgasmus/Flüssigkeitsausstoß mancher Frauen beim Orgasmus.

EREKTION: Anschwellen und Steifwerden eines Organs (wie Penis, Klitoris, Brustwarze) durch sexuelle Erregung, Reibung etc.

EROGENE ZONEN: Für sexuelle Stimulation besonders empfängliche Körperteile, wie Brüste, Genitalien, Pobacken, Nacken etc. Sehr viele Körperteile sind erotisch lernfähig; sie liegen brach oder blühen auf.

FELLATIO: Vom lateinischen »fellare« (saugen): Sexuelle Stimulierung des Penis mit dem (*im*) Mund und mit der Zunge.

FOTZE: Oft abwertend gebrauchter Vulgärausdrück für die weibliche Vulva und Scheide bzw. für die Frau oder das Mädchen überhaupt (ähnlich: Möse, Pussy, Loch, Muschi etc.).

FRUCHTBARE TAGE: Phase des Menstruationszyklus, in der eine Empfängnis möglich ist.

GEBÄRMUTTER: Sehr dehnbares, 6–9 cm langes, wie eine umgedrehte Birne aussehendes Organ, in dem sich die befruchtete Eizelle einnistet und das Kind heranwächst.

GENITALE HERPESINFEKTION: Sexuell übertragbare, schmerzhafte Haut- und Schleimhautinfektion des Genitalbereichs. Eng damit verwandt: der Bläschenausschlag an den Lippen.

GENITALIEN: Die äußeren Geschlechtsorgane: Schamspalte, Schamlippen und Klitoris bei der Frau, Penis und Hoden beim Mann.

HEFEINFEKTION: Scheideninfektion durch Hefepilze, z.B. Candida oder Soor.

HODEN: Die zwei männlichen Sexualdrüsen im Skrotum, produzieren Sperma und Hormone.

HOMOSEXUELL: Gleichgeschlechtliche sexuelle Orientierung und Aktivität.

HORMONE: Chemische Steuersubstanzen, gelangen mit dem Blut an ihre Erfolgsorgane.

HYMEN: Häutchen, das den jungfräulichen Scheideneingang z.T. verdeckt (Jungfernhäutchen).

HYSTEREKTOMIE: Entfernung der Gebärmutter.

IMPOTENZ: Unfähigkeit zur Peniserektion, auch Koitus- bzw. Zeugungsunfähigkeit des Mannes infolge von Sterilität.

INSEMINATION: Künstliche Befruchtung durch Übertragung von Sperma (des Ehemannes oder eines Dritten).

KLITORIS: Kitzler. Kleines Lustorgan der Frau am oberen Ende der Vulva; erigiert bei sexueller Stimulierung.

KOITUS: Geschlechtsverkehr, Beischlaf, Geschlechtsakt, Nummer etc.

»KOMMEN«: Einen Höhepunkt, Orgasmus erreichen.

KONDOM: Gummi, Präser, Pariser ... Dünner Gummischlauch für Empfängnisverhütung und Infektionsschutz, vor dem Koitus über den Penis zu ziehen bzw. – bei Kondomen für Frauen – in die Scheide einzuführen.

LABIA: Schamlippen.

LIBIDO: Sexualtrieb/-verlangen.

LIEBESSPIEL: Alles – Küssen, Streicheln, Petting, Einanderausziehen, Miteinanderschlafen, oraler Sex etc.

MASTURBATION: Stimulation der Sexualorgane mit der Hand (oder einer Sexualhilfe), oft zur Selbst-, aber auch zur gegenseitigen Befriedigung (vulgär: »Wichsen«).

MENOPAUSE: Die Phase, wenn die Frau aufhört zu menstruieren. Trotz mancher Presseberichte: Es gibt keine »männliche Menopause«.

MENSTRUATION: Monatsblutung, wenn sich keine befruchtete Eizelle eingenistet hat.

»69«: Stellung, bei der sich zwei Menschen gegenseitig oral befriedigen.

NICHT-SPEZIFISCHE URETHRITIS: Harnröhrenentzündung, sehr häufige, sexuell übertragbare Krankheit.

ORALER SEX: Stimulation der Genitalien des Partners mit dem Mund.

ORGASMUS: Höhepunkt der sexuellen Erregung.

OVULATION: Eisprung (oft, aber nicht unbedingt) ca. zwei Wochen vor der Periode. Allmonatliche Freigabe einer Eizelle (Ovum) aus einem der Eierstöcke in einen der Eileiter; oft von einer Veränderung der Scheidensekretion begleitet.

PENIS: Schwanz, Glied, Schweif . . . Geschlechts- und wichtigstes Lustorgan des Mannes.

PETTING: Streicheln von Brust oder Genitalien etc. als Koitusersatz oder -vorspiel.

PROMISKUITÄT: Sexualbeziehungen mit häufig, oft zufällig wechselnden Partnern.

PROSTATA: Eine etwa kastaniengroße Drüse, die einen Großteil der Samenflüssigkeit des Mannes produziert, seine Harnröhre umschließt und bei der Erektion den Blasenausgang blockiert.

RHYTHMUSMETHODE: Empfängnisverhütung durch Enthaltsamkeit an den »fruchtbaren Tagen« der Frau; dazu gehört die Kalender-, Schleim- und Temperaturmethode (relativ riskant).

SAFER SEX: Sexformen mit geringerem Ansteckungsrisiko (z. B. Kondome gegen AIDS).

SAMENSTRÄNGE: Zwei Röhren, die Sperma aus den Hoden in den Penis transportieren.

SCHAMLIPPEN: Labia, zwei sehr empfindliche Hautfaltenpaare der Vulva.

SCHLEIMMETHODE: Geburtenkontrolle; der Eisprung wird anhand der Veränderungen des Muttermundschleims bestimmt.

SKROTUM: Hodensack.

SPERMA: Samenzellen – winzige »Kaulquappen«, die zu Abermillionen in der männlichen Samenflüssigkeit schwimmen, von denen aber eine ausreicht, um eine Frau zu befruchten.

SPIRALE: Verhütungsmittel, wird in die Gebärmutter eingesetzt.

STÄNDER: Erigierter Penis.

STERILISATION: Operation, durch die eine Frau oder ein Mann unfruchtbar gemacht wird.

TEMPERATURMETHODE: Geburtenkontrolle; der Eisprung wird anhand der Veränderungen der Körpertemperatur bestimmt.

UNFRUCHTBARKEIT: Unfähigkeit, schwanger zu werden oder zu schwängern; Sterilität.

URETHRA: Harnröhre.

UROLOGE: Facharzt für Erkrankungen der Harnorgane.

UTERUS: Gebärmutter.

VAGINA: Scheide; der muskulöse Kanal, der Vulva und Gebärmutterhals verbindet und beim Koitus den Penis aufnimmt.

VASEKTOMIE: Sterilisationsmethode, bei der die männlichen Samenstränge durchtrennt werden.

DIE VULVA IM DETAIL

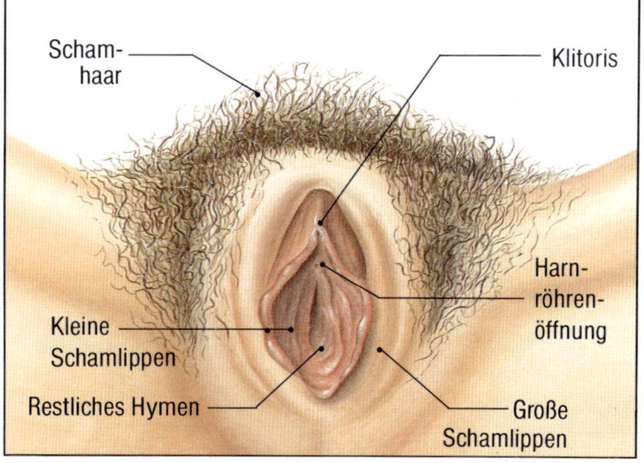

VIBRATOR: Oft penisähnliches Gerät zur sexuellen Stimulierung, mit Batterie oder Netzanschluß.

VORHAUT: Hautfalte, die die Eichel des unbeschnittenen Mannes bedeckt und sich zurückziehen läßt.

VULVA: Die äußeren Sexualorgane der Frau.

INDEX